WHISKY

L'abus d'alcool est dangereux pour la santé, à consommer avec modération.

Écrit et coordonné par Salvatore Mannino

Illustrations d'Albane Simon

Conception graphique et mise en pages : Delphine Delastre

N° d'édition : L.01EPMN000712.N001
ISBN : 978-2-0813-6073-0
Dépôt légal : septembre 2015

MAISON DU WHISKY
LMDW

WHISKY

LE GUIDE DE L'EXPERT

HISTOIRE, ÉLABORATION, PAYS DE PRODUCTION, DÉGUSTATION...

MAISON DU WHISKY

Flammarion

UN MONDE OUVERT

À l'aube des années 2000, le monde du whisky jusqu'alors structuré autour de la sainte trinité anglo-saxonne Écosse, Irlande, États-Unis découvrait le Japon et ses expressions capables de rivaliser avec celles de ses prestigieux aînés.
Quinze ans plus tard, et depuis ce bouleversement originel, la cartographie des pays producteurs de whisky n'a cessé de se transformer, d'évoluer, de se densifier.
Elle a vu les productions de pays comme Taïwan, l'île rebelle, ou l'Australie gagner leurs lettres de noblesse, mais aussi l'émergence de territoires comme la Suède, le pays de Galles, l'Inde ou encore la France.
Depuis quinze ans donc, les whiskies japonais ont largement consolidé leur statut et conquis les amateurs du monde entier. Leur influence dépasse la simple conquête de parts de marchés. L'apparition subite des whiskies de l'archipel a en effet ouvert une brèche dans un sanctuaire aux frontières jusqu'alors bien (dé)finies. Le regard que portent aujourd'hui les amateurs sur les whiskies issus des nouveaux mondes est empreint de curiosité, d'attentes. Les palais, comme les esprits, sont désormais réceptifs aux saveurs issues de terroirs exotiques. La qualité seule structure les opinions.
Observateur attentif et acteur passionné depuis bientôt soixante ans de cet univers en mutation, La Maison du Whisky souhaite dresser au travers du Guide de l'Expert l'état des lieux d'un monde désormais ouvert. Revenir sur le passé, rappeler les grands principes d'élaboration et de dégustation du plus noble des spiritueux, plonger dans l'intimité de belles distilleries vous permettra de vous projeter, à nos côtés, vers l'avenir. Un avenir que nous imaginons volontiers plus orienté vers l'Asie, mais également du côté d'un pays qui dispute à l'Écosse la paternité du whisky : l'Irlande entame en effet sa renaissance.
Nouveaux pays producteurs, réaction des nations historiques, boom de la micro-distillation, transformation du négoce, le futur du whisky s'annonce des plus excitants. Et nous ne demandons qu'à v(b)oir(e).

Salvatore Mannino

SOMMAIRE

AUX SOURCES DU WHISKY

Nul ne sait précisément à partir de quand la pratique
de la distillation a accosté les îles britanniques.
Les Écossais, se fondant sur des traces écrites,
revendiquent la paternité du whisky. Les Irlandais, quant à eux,
proposent une toute autre interprétation, se basant sur des histoires
de moines distillateurs. Si la version selon laquelle cette pratique
aurait été introduite par saint Patrick lors de l'évangélisation
de sa terre irlandaise au ve siècle apr. J.-C. est largement répandue,
reprise et diffusée… il ne s'agit que d'un mythe.
Un peu d'histoire.

UISGE BEATHA

Les premières traces de distillation ont été trouvées en Égypte, et remontent à environ 3 000 ans avant J.-C. On distillait à cette époque des parfums et le khôl, une poudre sombre utilisée comme fard à paupière. Le terme « alcool », apparu vers la fin du Moyen Âge, serait ainsi un dérivé de l'arabe *al khôl* (« le noir »). Au IXe siècle avant J.-C., l'arak, une liqueur obtenue par distillation de mélasse, de canne à sucre ou de fruits, était produite en Inde. Bien plus tard, en 384 av. J.-C., le philosophe grec Aristote a été le premier à mentionner l'alambic dans un traité sur la... météorologie !

À une époque où l'Europe était plongée dans la tourmente des invasions barbares, l'Irlande est devenue, après la chute de l'Empire romain, le refuge de la religion chrétienne et du savoir enseigné par les moines. C'est dans le respect de cette tradition que l'on raconte souvent que ce sont les missionnaires irlandais, guidés par saint Patrick, qui, en 432, auraient rapporté de leurs voyages évangélisateurs la technique de la distillation en Irlande. Ils l'auraient ensuite adaptée pour produire l'*uisge beatha*, qui signifie « eau-de-vie » en celte.

Les Écossais, quant à eux, peuvent se vanter de posséder la toute première référence écrite à une eau-de-vie produite à partir d'orge maltée : datant de 1494, un écrit de l'Échiquier écossais fait mention d'une certaine quantité de malt réservé à l'usage de frère John Cor, pour la distillation d'eau-de-vie.

LA PREMIÈRE EAU-DE-VIE PRODUITE À SES ORIGINES NE RESSEMBLAIT EN RIEN À L'ACTUEL WHISKY. PLUS PROCHE D'UNE LIQUEUR PARFUMÉE À BASE D'HERBES ET DE MIEL, ELLE SERVAIT EN QUELQUE SORTE DE REMÈDE CONTRE LES EMPOISONNEMENTS ALIMENTAIRES. C'EST SANS DOUTE CE QUI EXPLIQUE L'ORIGINE DU NOM, EMPREINT DE RELIGIOSITÉ, DONNÉ À CETTE BOISSON.

LA NAISSANCE D'UNE INDUSTRIE

Dès la fin du XVIIIe siècle, l'industrie du whisky commence à se structurer aux États-Unis, en Irlande et en Écosse à des rythmes différents. Si de nombreuses petites distilleries se sont mises à distiller illégalement, celles-ci vont peu à peu être marginalisées par l'émergence de puissantes familles de distillateurs.

L'EXCISE ACT

Les Haig et les Stein en Écosse, les Power et les Jameson en Irlande dominent leurs marchés respectifs. Les différents régimes de taxes adoptés par les autorités britanniques au cours du XVIIIe siècle ayant eu des effets contraires à ceux escomptés, le quatrième duc de Gordon propose une approche différente à la chambre des lords. En responsabilisant les propriétaires terriens vis-à-vis de leurs fermiers et en introduisant des taxes moins lourdes, il devient désormais possible de marginaliser la distillation domestique. Cette approche se traduit par une loi, l'Excise Act, adoptée en 1823, qui pose les bases d'une industrie du whisky moderne. En 1824, pas moins de 337 distilleries prennent une licence en Écosse.

LA RÉVOLUTION INDUSTRIELLE

Aux États-Unis, les avancées technologiques transforment rapidement les distilleries. La distillerie Hope Distilling Company, basée dans le Kentucky est équipée dès 1816 de deux alambics

« géants » issus d'un nouveau principe de distillation. Au même moment, le Dr James Crow développe la technique du *sour mash* et marque la naissance du bourbon.

L'industrie du whisky écossais n'est pas en reste et apporte elle aussi son lot d'avancées technologiques. On y invente à la distillerie Port Ellen un « coffre à alcool » en 1824 pour préserver les distillats tout juste sortis des alambics des prélèvements inopinés. Ce coffre sera ensuite installé dans toutes les autres distilleries. Quelques années plus tard, Robert Stein installe le premier alambic à colonne dans la distillerie des Lowlands Kilbagie, permettant la distillation de tout type de céréales.

Mais c'est d'Irlande que vient l'invention la plus révolutionnaire. Elle est le fait d'un ex-inspecteur général des douanes irlandaises, Aeneas Coffey, qui en modifiant la colonne de Stein, invente l'alambic Coffey, un alambic plus rapide et économique que celui de son confrère écossais. C'est finalement l'Écosse qui adopte les alambics d'Aeneas, les distillateurs irlandais n'étant pas prêts à abandonner leurs méthodes traditionnelles. Les Lowlands écossais, percevant le gain substantiel qu'un tel alambic leur permettrait de réaliser, notamment pour l'exportation vers l'Angleterre, adoptent rapidement cette invention dès 1834.

Ces progrès industriels s'accompagnent d'une forte augmentation de la consommation d'alcool et, en réaction, du développement de ligues anti-alcool un peu partout en Europe et aux États-Unis.

LA RUÉE VERS L'OR LIQUIDE

Pendant la guerre de Sécession, Abraham Lincoln n'a d'autre choix que de réintroduire en 1862 la taxe sur le whiskey abolie en 1812. En 1865, à la fin des conflits, de nombreuses distilleries sont à reconstruire. L'industrie du whiskey connaît dès lors un essor important.

De l'autre côté de l'Atlantique, l'Écosse et l'Irlande développent la pratique de l'assemblage. En 1850, un grand nombre de distillateurs utilisent l'alambic Coffey. En 1853, Andrew Usher lance son fameux assemblage Old Vatted Glenlivet (voir Galerie de portraits).

À la fin des années 1870, le besoin de définir le whisky et de poser son cadre législatif se fait de plus en plus pressant. L'engouement pour le whisky exacerbe les rivalités entre distillateurs écossais et irlandais. Ce phénomène est accentué notamment par la raréfaction des vins et des alcools produits à base de raisin : l'épidémie du phylloxera qui sévit en Espagne et en France depuis le milieu des années 1860 réduit à néant la production de cognac et de brandy. Privés de leurs alcools favoris, les Britanniques se tournent vers les blends et les malts des Highlands. En 1909, le gouvernement britannique définit précisément la composition du whisky : celui-ci peut être un whisky de grain comme un whisky de malt, ou un mélange des deux. Il en va de même pour l'*american whiskey* qui occasionnera de nombreux débats dont la législation, d'abord très restrictive, finira par être assouplie : une nomenclature fait la distinction entre les straight, les ryes et les blended whiskeys.

À L'ORIGINE, LA DISTILLATION DE L'EAU-DE-VIE ÉTAIT SURTOUT RÉSERVÉE À UN USAGE THÉRAPEUTIQUE LIÉ EN OCCIDENT À SA RÉPUTATION D'ÉLIXIR DE LONGUE VIE. CETTE CROYANCE ÉTAIT RENFORCÉE PAR L'OBSERVATION, PUISQUE L'ALCOOL PERMETTAIT ENTRE AUTRES DE PRÉVENIR LA DÉCOMPOSITION DES CHAIRS. SON EMPLOI ÉTAIT PRÉCONISÉ EN CAS DE REFROIDISSEMENT, DE FIÈVRE OU DE TROUBLES DIGESTIFS. MAIS IL ÉTAIT ÉGALEMENT UTILISÉ À TITRE PRÉVENTIF DANS LE TRAITEMENT DE LA PESTE. DURANT TOUTE LA PÉRIODE D'ÉPIDÉMIE DE PESTE NOIRE QUI SÉVIT EN EUROPE DE 1348 À 1351, L'EAU-DE-VIE SERA MASSIVEMENT ADMINISTRÉE.

DANS LA TOURMENTE

En Écosse comme en Irlande, la construction de multiples distilleries à la fin du XIXe siècle entraine une surproduction qui menace leur pérennité. D'autres évènements vont venir bouleverser l'industrie du whisky : les deux guerres mondiales et la prohibition.

L'EFFORT DE GUERRE

La déclaration de la guerre contre l'Allemagne en août 1914 ne bouleverse pas immédiatement le quotidien des distilleries écossaises et irlandaises. Mais cette guerre, censée durer quelques mois, s'éternise. Le gouvernement britannique doit faire face à une industrie de l'armement incapable de soutenir l'effort de guerre. En mai 1915, Lloyd George met en cause l'alcool et sa consommation excessive. Afin de contrôler le débit d'alcool sur le marché national, le bureau central britannique impose une période de garde sous entrepôts de deux, puis finalement de trois ans dès 1916. Si cette mesure est accueillie favorablement par les Irlandais, qui y voient la consécration d'une pratique déjà bien établie dans leur pays, les distillateurs écossais, habitués à vendre leur whisky plus jeune accusent le coup et beaucoup mettent la clé sous la porte.
Avec la fin du conflit débute une nouvelle ère pour l'industrie du whisky. Les années de guerre et l'augmentation des taxes sur l'alcool ont raison de nombreuses distilleries et sociétés d'assemblage encore indépendantes.
En Irlande, la situation devient critique. En janvier 1919, la guerre d'Indépendance irlandaise éclate, opposant l'armée républicaine irlandaise à la police royale irlandaise et à l'armée britannique. En représailles, le gouvernement britannique décide d'imposer un embargo, empêchant les distilleries d'accéder aux marchés des colonies. Les céréales sont utilisées prioritairement pour la fabrication de pain. Outre la fermeture de nombreuses distilleries, les plus importantes revoient à la baisse leur production. Mais le coup de grâce est porté quelques mois plus tard avec l'entrée en vigueur le 17 janvier 1920, du Volstead Act aux États-Unis : c'est le début de la prohibition.

DE LA PROHIBITION AU CONFLIT MONDIAL

Simultanément, Masataka Taketsuru, jeune employé d'une maison japonaise spécialisée dans la vente d'alcool, revient au Japon d'un voyage en terre écossaise où il a étudié les techniques de distillation... L'histoire du whisky japonais peut commencer.
Avec la signature du Volstead Act, les États-Unis entrent dans une longue période de prohibition nationale. Au cours des treize années qui vont suivre, la production, l'importation et la consommation d'alcool sont prohibées. Si l'alcool est désormais interdit, il n'en devient que plus populaire. Du jour au lendemain, de nombreux maux trouvent dans le whiskey - disponible en pharmacie, sur prescription uniquement - un remède. Six distilleries se voient attribuer une licence afin de produire du whiskey à des fins médicinales - estampillé « *For Medical Purpose* ». Parmi eux, Old Forester. La prohibition oblige les principaux groupes de distillateurs américains à s'organiser. La Kentucky Distilleries and Warehouse Company fait désormais produire son whiskey au Canada (Old

Gran Dad et Old Crow). Waterfill and Frazier Distillery, du county d'Anderson, s'établissent à Juarez, au Mexique. La prohibition détruit non seulement une industrie licite fabricant du whiskey de qualité, mais elle crée une industrie souterraine qui tombe aux mains des plus grands noms du banditisme, dont Al Capone. Que ce soit par terre ou par mer, ce sont des millions de gallons d'alcool qui inondent chaque année le marché américain. C'est la grande période des bootleggers et des fabricants d'alcool frelaté. Les Bahamas constituent notamment une véritable plaque tournante pour l'importation illicite d'alcool. Des réputations, qui plus tard deviendront des légendes, naissent. Parmi elles, celle de Bill McCoy, contrebandier connu pour n'importer que de la très bonne marchandise. En naîtra une expression passée dans le langage des amateurs pour qualifier un whisky de qualité : The Real McCoy. À l'heure du bilan, au tout début des années 1930, la prohibition est un véritable échec. En 1921, un peu plus de 95 000 alambics clandestins sont découverts ; en 1925, 170 000 et enfin en 1930, environ 300 000. Cette situation devenue intenable est accentuée par le krach boursier de 1929. L'entrée en récession des États-Unis pousse les hommes politiques à changer de position. Le 8 novembre 1932, Roosevelt est élu président et la fin de la prohibition est votée le 5 décembre 1933. Mais la reprise s'avère difficile. Peu de distilleries sont encore debout ou elles sont en très mauvais état. De plus, comme il faut compter encore quelques années pour vieillir le distillat, les nouveaux whiskeys ne verront le jour que quelque temps avant que n'éclate la Seconde Guerre mondiale. L'industrie du whiskey américain est alors rationnée, puis réquisitionnée afin de produire l'alcool pour soutenir l'effort de guerre.

En Europe, dès février 1940, la production de whisky de malt est réduite d'un tiers et le whisky disponible pour le marché britannique rationné afin d'en libérer le maximum. En effet, devenu véritable monnaie d'échange, le whisky a permis au gouvernement britannique de se procurer toutes sortes de biens et de denrées de première nécessité tout au long du conflit. Mais à la fin de la guerre, le niveau des stocks est au plus bas et la demande du Royaume-Uni est considérable.
Au Japon, la jeune distillerie Yoichi est commissionnée afin de fournir du whisky à l'armée et à la marine japonaises le temps du conflit.
Victime de sa notoriété, l'irish whiskey a déjà fait l'objet de contrefaçons hasardeuses de la part de distillateurs clandestins américains pendant toute la période de la prohibition, qui ont grandement altéré leur réputation. Également fragilisée par une loi imposant cinq années de garde en entrepôts pour l'appellation whiskey, la position de l'Irlande pendant la Seconde Guerre mondiale s'aggrave encore un peu. Le gouvernement irlandais interdit l'exportation de whiskey afin de préserver les revenus générés par les taxes issues de la consommation nationale. À la fin de la guerre, l'industrie du whiskey est réduite à peau de chagrin et ses whiskeys ont quasiment disparu de la scène internationale, scène qu'ils dominaient cinquante ans auparavant.

LA RECONSTRUCTION D'UNE INDUSTRIE

À la fin de la Seconde Guerre mondiale, le niveau des stocks de whisky en Écosse, en Irlande et aux États-Unis est au plus bas. Au Royaune-Uni, le coût de la guerre lié à la nécessité de reconstruire le pays grève un peu plus le budget du gouvernement. Dès la fin du conflit, en août 1944, treize distilleries ont rouvert, et en avril 1945, Churchill plaide pour une relance immédiate de la distillation, afin de reconstituer les stocks épuisés. L'objectif est d'exporter ce whisky pour recréer de la richesse au sein d'un pays meurtri.

LES CONSÉQUENCES DE LA GUERRE

Malgré le rationnement et la pénurie de grain, la reprise de la production, conjuguée à la mise à disposition des stocks d'alcool jusqu'alors réservés à l'effort de guerre, permet d'exporter plusieurs millions de gallons d'alcool vers les États-Unis. Rapidement, les sociétés d'assemblage reprennent leur activité. Trente quatre distilleries de malt seront rouvertes entre 1945 et 1947. La fabrication reprend sous contrôle du gouvernement, qui organise et planifie la production et la distribution du whisky. À partir de 1947, l'orge est distribuée aux distilleries qui s'engagent à respecter le ratio de trois pour un en faveur du marché international : pour chaque bouteille vendue sur le marché national, trois sont exportées aux États-Unis. L'après-guerre est aussi marqué par l'arrivée des négociants qui développent leur activité à la même époque comme Douglas Laing.

Au Japon, Suntory conforte sa position de leader et organise dès les années 1940 un nouveau concept de bar autour du whisky, pour le lancement de ses blends.

En Irlande, la chute qui touche l'industrie du whiskey irlandais depuis le début du siècle perdure.

En août 1953, suite à la fin du rationnement, le gouvernement britannique lève son contrôle. Les distilleries écossaises reprennent la main sur la production et la distribution de leurs whiskies.

LES TRENTE GLORIEUSES

Au cours des trente glorieuses, l'industrie du whisky se modernise. En 1957, la production de whisky écossais atteint 57 millions de gallons. Ce dynamisme attise la convoitise d'entrepreneurs américains, comme Schenley Industries Inc. La production de malt est rapidement absorbée par la demande à l'export. Les distilleries indépendantes comme Glenfarclas augmentent leur capacité de production.

En Irlande, trois des quatre sociétés encore en activité, John Power, John Jameson et Cork Distilleries Cie décident de se réunir pour former Irish Distillers en 1966, pour relancer une industrie alors moribonde. En 1969, à la demande de ce groupe de distillateurs, la loi irlandaise ramène de cinq à trois ans la période de garde en entrepôt pour bénéficier de l'appellation « whiskey ».

Le Japon n'échappe pas à la formidable croissance qui touche l'industrie du whisky en Europe. En 1969, Taketsuru décide de construire une nouvelle distillerie sur l'île d'Honshu, Miyagikyo. Suntory inaugure en 1973 Hakushu, qui deviendra dans les années 1980 la plus grande distillerie du monde. À l'aube des années 1970, de nombreuses avancées technologiques viennent bousculer les méthodes habituelles de production : le maltage mécanique remplace les malteries traditionnelles, le chauffage indirect à la vapeur des alambics réduit l'utilisation de fours à charbon, les fûts de bourbon américains deviennent monnaie courante et sont largement majoritaires face aux fûts de xérès, de plus en plus rares.

Sous la houlette d'Irish Distillers, l'industrie de l'irish whiskey se modernise également. Un tout nouveau complexe est construit à Midleton en 1975, une première depuis plus de 100 ans. Cette nouvelle distillerie, d'une capacité de 7 millions de gallons d'alcool pur, produit non seulement toutes variétés de whiskeys, et occasionnellement d'autres alcools (gin, vodka ou alcool neutre). En 1973, la dernière distillerie d'Irlande indépendante, Old Bushmills, rejoint le groupe Irish Distillers.

LE MARCHÉ SE RESTRUCTURE

La croissance enregistrée par les distilleries irlandaises et écossaises est largement soutenue par la formidable croissance économique des États-Unis, permettant aux marques de blends Dewar's, Cutty Sark, J&B de se hisser au rang des meilleures ventes. Mais les pays européens et le Japon deviennent eux aussi de grands consommateurs de whisky. Au début des années 1970, les premiers single malts, à commencer par ceux de Glen Grant, sont disponibles sur le marché, grâce aux efforts des négociants, et viennent défier l'empire des blends bon marché. Pendant ce temps, les États-Unis font face à une nouvelle guerre au Viêtnam et à la crise du pétrole. En Europe, l'avènement des négociants tels que Signatory Vintage survient dans les années 1980, alors que les premières enseignes de la grande distribution deviennent le lieu privilégié pour trouver des blends bon marché et quelques malts. Pourtant, depuis la fin des années 1970, l'Europe et les États-Unis subissent une récession économique. La consommation des blends chute, provoquant la fermeture d'une trentaine de distilleries dans la première moitié des années 1980. Prises dans la tourmente, des sociétés indépendantes réagissent et décident de commercialiser leurs single malts de façon plus volontariste.

En 1988, Irish Distillers est racheté par Pernod Ricard pendant qu'une nouvelle distillerie indépendante, Cooley, ouvre ses portes. Déjà bien établi en Irlande et aux États-Unis, l'Irish Whiskey prend un nouvel essor en Europe, notamment en France et en Allemagne. Tout au long des années 1990, une période d'acquisitions-ventes de groupes et de distilleries s'ouvre et dépasse les frontières. Le meilleur exemple est sûrement Suntory qui acquiert le groupe écossais Morrison-Bowmore et devient propriétaire des distilleries Bowmore, Auchentoshan et Glen Garioch.

C'est dans ce contexte qu'apparaissent les désormais célèbres « Six Classic Malts » issus des distilleries Glenkinchie, Cragganmore, Dalwhinnie, Talisker, Oban et Lagavulin.

La fin des années 1990 marque un tournant dans l'histoire tumultueuse de l'industrie du whisky. Celle-ci reprend confiance et de nouvelles distilleries sont ouvertes (Arran), pendant que d'autres sont rachetées par les négociants (Benromach par Gordon & MacPhail et plus tard, Edradour par Signatory Vintage). Le XXIe siècle est marqué par l'avènement des whiskies japonais sur la scène internationale et la reconnaissance par ses pairs de la qualité de ses single malts et de ses blends. C'est peut-être le destin qui attend bien d'autres nouveaux pays producteurs de whiskies : l'Inde, Taïwan, la Suède, la France et l'Australie ?

CHRONOLOGIE

1494 : Première mention écrite de l'aqua vitae en Écosse.
1505 : La guilde des chirurgiens-barbiers d'Edimbourg se voit accorder le monopole de la fabrication d'aqua vitae.
1608 : En Irlande, on autorise la distillation dans la région de **Bushmill.s**
1644 : Premier impôt appliqué aux alcools en Écosse.
1736 : Apparition du mot **whisky**
1774 : Interdiction en Écosse des alambics de première distillation d'une contenance inférieure à 1 800 litres et des alambics de seconde distillation d'une contenance inférieure à 450 litres.
1781 : La distillation artisanale est interdite pour la première fois en Écosse.
1783 : Au Kentucky, **Evan Williams** fonde sa distillerie sur les bords de l'Ohio. Il sera l'un des pionniers du bourbon.
1784 : Le **Wash Act** définit la Ligne des Highlands, réduit les taxes et les fait dépendre de la capacité de l'alambic.
1823 : Excise Act : cette loi promulguée en Écosse pose les bases d'une industrie du whisky moderne.
1826 : Robert Stein dépose le brevet de l'alambic à colonne qui distille en continu.
1831 : Aeneas Coffey perfectionne le système et dépose le brevet de son alambic continu pour la distillation du whisky de grain.
1841 : Des bouteilles en verre, d'anciennes bouteilles de vin, sont utilisées par les épiciers pour le whisky.
1853 : Andrew Usher crée le premier véritable blended whisky.
1863 : Le phylloxéra apparaît en France et y sévira pendant une vingtaine d'années.
1872 : La mission commerciale d'Iwakura rapporte au Japon le Old Parr, l'un des - sinon le - premiers whiskies écossais à atteindre l'archipel.
1899 : Faillite spectaculaire de **Pattison, Elder & Compagny** de **Leith.**
1909 : Une commission royale sur le whisky décide que les eaux-de-vie de grain comme de malt (et donc les blends) peuvent légalement s'appeler whisky.
1915 : Immature Act : le Central Liquor Control Board britannique impose une période de garde sous entrepôt de 2 ans minimum. Cette période sera portée à 3 ans en 1916.
1918 : En décembre, le jeune **Masataka Taketsuru** arrive en Écosse pour y apprendre l'élaboration du whisky.
1920 : Début de la **prohibition** aux États-Unis.
1923 : Construction de la première distillerie de whisky japonais, **Yamazaki.**
1933 : La première définition réglementaire du **scotch whisky** impose un vieillissement minimum de 3 ans. Fin de la prohibition aux États-Unis.
1960 : Création de la **Scotch Whisky Association** dont le but est de défendre le statut juridique du whisky auprès des tribunaux étrangers.
1966 : Dans un sursaut de survie, les dernières distilleries irlandaises se regroupent au sein de l'**Irish Distillers.**
1975 : Les distilleries d'Irish Distillers sont réunies dans le nouveau site de production de Midleton, à l'exception de Bushmills.
1980 : L'Irish Whiskey Act règlemente désormais les méthodes et les techniques de production du whiskey irlandais.
1988 : Fondation des **Keepers of the Quaich** qui regroupe des personnes qui s'emploient à la promotion du scotch whisky.
2001 : Yoichi 10 ans single cask est consacré « Best of The Best » aux World Whiskies Awards.
2011 : Le 23 novembre, la mention vatted malt pour un whisky élaboré à partir d'au moins deux single malts est remplacée en Écosse par **blended malt.**
2012 : Un **single malt scotch whisky** doit désormais être embouteillé en Écosse pour bénéficier de cette appellation.
2014 : Création de l'**Irish whiskey Association** qui défend et promeut l'appellation géographique Irish Whiskey.

GALERIE DE PORTRAITS

Ci-contre, de haut en bas et de gauche à droite : Serge Valentin, Masataka Taketsuru, Carrie Nation, Robert Burns, George Smith

Robert BURNS (25.01.1759-21.07.1796)

Pour les Écossais, le nom de l'un de leurs plus grands poètes est résolument indissociable de celui d'une autre de leur fierté nationale : le whisky. Issu d'une famille de fermiers de l'Ayrshire (sud-ouest de l'Écosse), initié par sa mère à la poésie, ce barde patriote, insoumis à l'autorité anglaise, développera un talent certain pour l'écriture, échappatoire à la vie rude de la ferme. L'un de ses sujets de prédilection sera le whisky, boisson qu'il apprécie tout particulièrement (sans modération) et qui, dans le contexte historique du moment, représente aussi un acte de résistance face au pouvoir anglais, qui par le biais des taxes en fait là une importante source de revenus. Son vers le plus connu est « *Freedom and whisky gang thegither* » (Liberté et whisky vont de pair), tiré de son poème *The author's earnest cry and prayer*, notamment envoyé aux parlementaires écossais à Westminster pout protester contre les impôts indirects frappant le whisky… ce qui ne l'empêchera pas de devenir lui-même agent de l'accise (mais plutôt bienveillant envers les distillateurs clandestins) pour un revenu confortable !

Aeneas COFFEY (1780-1852)

Né à Calais, cet irlandais entre au service des douanes irlandaises en 1800. En 1819, il devient inspecteur général des agents des douanes (accises). Il quittera ses fonctions pour se consacrer à la distillation du whisky en 1824. En 1831, il dépose le brevet d'un alambic à colonne (le *coffey still*), version perfectionnée (notamment en doublant les colonnes de distillation) de l'invention de l'écossais Robert Stein (1826). Nécessitant moins d'entretien, il permet la distillation en continu d'autres céréales (maïs, blé), et produit aussi un alcool moins âpre qui révolutionnera le monde du whisky. Après s'être vu fermer la porte aux nez par ses compatriotes distillateurs tenant à respecter leur tradition, qui considéraient que cet alambic produisait un « spiritueux silencieux », il part en Écosse, où il rencontrera un accueil très favorable. Les distillateurs écossais voyaient en effet grâce à cet alambic un moyen avantageux de produire un alcool capable de concurrencer le whiskey irlandais qui dominait alors le marché.
Les whiskeys de grain verront le jour en 1940 en Irlande, un siècle après l'Écosse, le premier blend irlandais, Tullamore Dew.
Inventeur sans relâche, il perfectionnera également le coffre à alcool (« *spiritsafe* »), autre outil déterminant de la distillation.

Andrew USHER (1782-1855)

Cet agent de la distillerie Glenlivet est le pionnier de l'assemblage, il créera en 1853 son « Old Vatted Glenlivet », l'un des whiskies les plus appréciés à l'époque. En effet, Usher aura l'idée d'assembler plusieurs fûts provenant de la distillerie afin d'assurer la constance et l'homogénéité de son whisky. Cela tombe bien puisque la même année, une loi autorise l'assemblage (« *vatting* ») de whiskies d'âge différents provenant d'une même distillerie, en entrepôts sous douane. Usher utilisera son expérience de l'assemblage pour plus tard créer des whiskies issus de différents grains, plus agréables au palais et bien moins chers à produire.
En 1885, son fils, Andrew Usher II (1826-1898), fonde avec William Sanderson et John Mac Crabbie, la North British Distillery Company Limited, une distillerie de grain basée à Édimbourg, opérationnelle en 1887. Cette dernière produit toujours du whisky aujourd'hui, à partir de maïs provenant du sud-ouest de la France !

George SMITH (1792-1871)

Fermier, George Smith distillait clandestinement du whisky depuis 1817 dans sa ferme d'Upper Drummin au fin fond du Glen Livet (son père y distillait déjà depuis 1774), sur les terres du duc de Gordon qui appréciait d'ailleurs son whisky, très réputé (ce n'était pas le seul puisqu'en 1822, le roi George IV lors d'une visite à Édimbourg réclama qu'on lui serve ce fameux whisky !). Le duc de Gordon sera d'ailleurs un fervent défenseur et le principal artisan de la légalisation : en 1823, l'Excise Act était voté, permettant ainsi aux distillateurs qui voulaient rentrer dans la légalité d'obtenir une licence pour distiller. Passer du côté de la loi n'était pas sans danger et Georges Smith ayant reçu plusieurs menaces de mort et vu sa propre distillerie ravagée par un incendie, portait constamment sur lui une paire de pistolets. La distillerie d'Upper Drummin fermera ses portes en 1858, après l'inauguration d'un site plus important à Minmore, où elle continue de fonctionner aujourd'hui.

Carrie(y) A. NATION
(25.11.1846-09.06.1911)

Figure emblématique du Mouvement de Tempérance, Carrie Nation a prôné l'abstinence bien avant l'entrée en vigueur de la prohibition. Elle était connue pour attaquer les bars et les tavernes qui servaient de l'alcool, hachette dans une main, bible dans l'autre. Mariée en 1867 à un médecin, ce dernier, alcoolique décède en 1869 à l'âge de 29 ans. C'est de cet événement tragique que naît son aversion pour l'alcool. Remariée en 1874 à David Nation, prédicateur, juriste et éditeur de journaux, elle ne pouvait s'empêcher d'intervenir pendant ses prêches, au point de se faire interdire l'accès de son église. Carrie commence à militer dès 1889 pour l'interdiction de l'alcool au Kansas au sein d'une Ligue Féminine Chrétienne de Tempérance. Le 5 juin 1900, elle a une révélation divine : « *Go to Kiowa* ». S'ensuit le 7 juin une première attaque à la hache du Dobson Saloon basé à Kiowa dans l'est du Kansas. C'est également à cette époque qu'elle change l'orthographe de son nom remplaçant le « ie » de Carrie par « y ». C'est ainsi que naît l'expression « *Carry a nation for prohibition* », littéralement « Porter la nation vers la prohibition ». Elle décède le 9 juin 1911 de troubles mentaux, comme sa mère et sa sœur quelques années auparavant. Elle n'aura pas vu la prohibition de son vivant, mais son activisme au sein des ligues de tempérance a largement contribué à la promulgation du Volstead Act qui entérina le 17 janvier 1920 l'entrée en vigueur à l'échelle nationale de la Prohibition.

Masataka TAKETSURU
(20.06.1894-29.08.1979)

Considéré comme le père du whisky japonais, ce jeune diplômé de l'université d'Osaka, issu d'une famille de longue tradition de brasseurs de saké, est envoyé en 1918 en Écosse par son employeur, la compagnie Settsu Shuzo (producteur d'ersatz d'alcool), pour y apprendre l'élaboration du whisky. Durant deux ans, il ira se former auprès de distilleries emblématiques de l'époque : Longmorn, Lagavulin, Hazelburn, Bo'Ness où il découvre l'alambic Coffey. Il retournera au Japon fin 1920, avec sa femme écossaise, épousée le 8 janvier de la même année, Rita (Jessica Roberta Cowan), qui sera sa muse et d'un soutien inébranlable. Mais la crise sévit et Taketsuru comprend que le projet de distillerie de son employeur ne verra jamais le jour. Il quitte Settsu Shuzo et sera recruté en 1923 par Shinjiro Torii, un autre visionnaire, au sein de la compagnie Kotobukiya (future Suntory), pour bâtir la première distillerie de whisky japonaise : Yamazaki. En 1929 sort le premier whisky japonais, le blend Shirofuda, mais trop lourd pour les goûts locaux (du fait de son arôme tourbé), il ne rencontre pas de succès. Taketsuru quittera Kotobukiya en 1934 pour fonder sa propre distillerie, Yoichi, sur l'île d'Hokkaido, le site lui rappelant l'Écosse de par les conditions climatiques, idéales pour la maturation du whisky. Sa compagnie aura pour nom « Dainipponkaju » (la grande fabrique de jus de fruits du Japon), pour adopter, en 1952, le nom de Nikka (contraction du précédent). Il fondera une deuxième distillerie en 1969, sur l'île principale d'Honshu : Miyagikyo.

LES CARNETS DE TAKETSURU

L'approche de Masataka Taketsuru était très scientifique, ce qui n'était pas vraiment le cas en Écosse à l'époque. Si vous vous rendez à la distillerie Yoichi, vous y trouverez un joli musée consacré à l'histoire de Taketsuru et de Nikka. On peut notamment y découvrir ses fameux carnets tenus avec une minutie toute japonaise, et illustrés de photographies de distilleries et de croquis : l'agencement des briques d'un mur y est représentée dans le détail ! À eux seuls, ils constituent une documentation plus complète et approfondie sur la situation de l'industrie du whisky écossais dans les années 1920 que la quasi-totalité des études locales.

Michael JACKSON (27.03.1942-30.08.2007)

L'un des (si ce n'est le) plus grands écrivains sur le whisky, a commencé par écrire sur sa première passion, la bière, en 1977. En 1987, sortira *The World Guide to Whisky*, premier ouvrage conséquent sur le sujet. Mais c'est surtout son *Malt Whisky Companion*, publié pour la première fois en 1989 (qui sera réédité 5 fois jusqu'en 2004), qui fera référence en la matière : véritable mémoire de la dégustation à travers des centaines (des milliers ?) de whiskies dont arômes et saveurs étaient mis à nus par son palais af(fût)é. Combien d'amateurs, de passionnés ont bien souvent commencé à explorer le vaste monde du whisky avec son *Malt whisky companion* sous le bras !

Serge VALENTIN (20.09.1960)

Cet amateur éclairé et passionné de whisky (et autres nectars) est depuis plusieurs années l'un des référents incontournables de la planète whisky. En 1981, il visite sa première distillerie, Glenlivet : les graines sont semées… C'est au milieu des années 1990 que la fièvre du malt commence à monter sérieusement, quand Serge remarque que certains amateurs sont capables d'acheter des bouteilles par dizaine. C'est l'époque de l'apparition de la série des « *rare malts* », première du genre, qui propose des whiskies embouteillés à la force du fût (degré naturel). Son coup de foudre : Brora, un whisky des Highlands dont la distillerie a fermé en 1983, un mythe parmi les mythes.

Serge rejoint en 2000 les fameux, et bien nommés, « Malt Maniacs », une sympathique confrérie crée en 1997, regroupant alors une demi-douzaine de passionnés provenant des quatre coins du monde. Ces mordus s'échangent sur le Web les commentaires des whiskies qu'ils dégustent. En 2003-2004, avec Serge, ils créent les « Malt Maniacs Whiskies Awards », véritables Oscars du whisky qui résultent de leurs dégustations annuelles, menées 100 % à l'aveugle et indépendamment de tout sponsor. Le sérieux de cette désormais institution en a fait un rendez-vous annuel guetté fiévreusement par les amateurs (et par l'industrie) du monde entier.

C'est surtout pour son site « Whisky Fun », qu'il crée en 2002, que Serge est devenu incontournable. Bibliothèque d'Alexandrie du whisky, il est un phare (d'Alexandrie encore, mais toujours debout) vers lequel convergent les amateurs du monde entier pour consulter les très nombreux commentaires de dégustation (près de 11 000) que Serge rédige. Chaque whisky se voit attribué des notes sur 100 (ou plutôt un pourcentage par rapport au whisky parfait), reflet d'une opinion personnelle, subjective et indissociable du commentaire qui l'explique. On est loin ici d'une « Parkerisation ». Le site est une sorte d'écho numérique au *Malt Whisky Companion*, couché sur le papier par le regretté Michael Jackson.

ÉLABORATION DU WHISKY

Le whisky est obtenu par distillation d'une ou plusieurs céréales. On ne peut pas distiller directement des céréales dans un alambic. Il faut extraire puis transformer les sucres contenus dans les grains en alcool, à l'aide de levures : c'est la fermentation qui joue un rôle important dans ce processus complexe.
Le whisky est donc une eau-de-vie de céréales fermentées, de bière en quelque sorte, au même titre que le cognac est une eau-de-vie de vin ou le calvados une eau-de-vie de cidre.
Tous les whiskies sont élaborés selon un procédé comportant cinq étapes : la préparation des céréales (le maltage ou la cuisson), le brassage, la fermentation, la distillation et le vieillissement.
Ce processus ne serait pas tout à fait complet sans évoquer l'assemblage, la filtration et la réduction qui précèdent généralement l'embouteillage. Chaque ingrédient, chaque étape et chaque outil revêtent une importance considérable dans la création de la palette aromatique et gustative du whisky.

INGRÉDIENTS

Quel que soit leur pays d'origine, les whiskies comportent les trois mêmes ingrédients : de l'eau, des céréales et des levures. Leur nature et leur origine influencent le goût et la qualité des whiskies. Les méthodes d'élaboration constituent un autre facteur de différenciation. Enfin, le savoir-faire et l'héritage propres aux distilleries sont deux autres éléments déterminants qui expliquent eux aussi le caractère unique de chaque whisky.

L'EAU

C'est l'ingrédient principal que l'on incorpore au moment du brassage. Elle intervient également au cours de la distillation, afin de refroidir les condenseurs des alambics et de permettre aux vapeurs d'alcool de reprendre une forme liquide. Celle-ci doit être suffisamment fraîche pour permettre la condensation. C'est pourquoi la plupart des distilleries se sont établies à proximité de lacs et de rivières. En été, lorsque le niveau des rivières baisse, les distilleries suspendent parfois leur production afin de ne pas bouleverser l'équilibre naturel local.

Enfin, l'eau intervient avant la mise en bouteille, au moment de la dilution du whisky. La composition de l'eau répond à différents critères. Une eau douce très soluble permet de mieux dissoudre les céréales. Mais ce n'est pas une règle absolue. Glenmorangie, par exemple, utilise une eau dure, riche en calcium, en magnésium et en zinc qui permet de concentrer les arômes au moment de la fermentation. Quant à l'eau tourbée, elle ne transmet pas son goût au whisky.

L'ORGE

De toutes les céréales entrant dans la composition des différents types de whiskies, l'orge est celle dont la contribution à la palette aromatique est la plus significative. Depuis plus de trois cents ans, les distillateurs apportent un soin tout particulier à la sélection de l'orge, qui représente la dépense la plus importante pour une distillerie. Dès 1678, un certain sir Robert Moray écrit dans l'un de ses articles que le malt ne peut être produit qu'à partir d'une seule céréale, l'orge. À l'époque, plusieurs variétés sont déjà connues. La plus réputée est composée d'un épi de deux rangs de grains. L'autre, plus communément utilisée, dispose de six rangées de grains. Cette dernière variété, connue sous le nom de « bere» (l'ancêtre de l'orge actuelle), est encore cultivée dans les Orcades pour la production du *bere bannock*, galettes qui furent longtemps l'aliment de base des habitants de ces îles. Les distillateurs ont toujours favorisé les producteurs d'orge locaux. Pourtant, à partir de la fin du XIXe siècle, les distilleries ont recours à l'importation. Poussées par l'engouement général que suscite le whisky, elles reçoivent des cargaisons entières d'orge en provenance notamment de France, du Danemark, de Russie et des pays baltes. Lieu privilégié de cette véritable « ruée vers l'orge », le port de Campbeltown de la presqu'île de Kintyre accueillait en 1873 plusieurs fois par semaine des cargos repus d'orge pour la trentaine de distilleries alors en activité.

Dans les années 1950, les variétés d'orge ne cessent d'évoluer et de nouvelles qualités viennent régulièrement déclasser les plus anciennes : Spratt, Plumage, Archer, Proctor, Marris Otter. La plupart sont originaires du nord de l'Angleterre, du sud de l'Écosse ou du Canada. À partir de la fin des années 1960, les progrès technologiques liés à la récolte et au stockage de l'orge, permettent l'apparition d'une nouvelle variété d'origine écossaise baptisée Golden Promise. Malgré une certaine fragilité face aux attaques du mildiou (la moisissure), Golden Promise sera, pendant près de vingt ans, souveraine auprès des distillateurs, représentant jusqu'à 95 % de l'orge cultivée en Écosse. Son déclin s'amorce à partir de 1985. Malgré l'existence de nouvelles variétés, quelques distilleries restent farouchement attachées à la Golden Promise, en particulier Macallan. Mais la plupart se sont tournées vers d'autres qualités, notamment Optic, plus résistantes et au rendement en alcool supérieur.

Face à la multitude de variétés disponibles, une sélection s'impose. Toutes les qualités ne sont pas propices à la production d'alcool. Ainsi, une orge riche en protéines sera utilisée entre autres pour l'alimentation du bétail ou pour la production de whisky de grain. Pour la production du whisky de malt ou celle de Scottish ales (bières écossaises de malt), les distillateurs et les brasseurs se tournent vers une orge riche en amidon qui permettra d'obtenir des sucres fermentescibles et par conséquent de l'alcool. C'est au moment de la livraison que les distillateurs contrôlent la qualité de l'orge. Ils vérifient notamment que le grain ne présente pas de traces de moisissures, qui, associées à des techniques de récolte, de trempage, et de germination peu scrupuleuses, sont source d'arômes indésirables.

LES AUTRES CÉRÉALES

Le blé : si l'orge est essentielle à la production de single malt écossais, la production de blended scotch whisky ne pourrait se faire sans le blé. Utilisé depuis les années 1980 dans la plupart des distilleries de grain écossaises, le blé est l'ingrédient largement majoritaire parmi les single grains produits pour les blends écossais, contrairement aux whiskeys américains, où son utilisation reste très marginale.

Le maïs : céréale indispensable à la production du whiskey américain, le maïs était également utilisé par la majorité des distilleries de grain écossaises jusqu'aux années 1980. Mais c'est bien le bourbon américain qui a fait le renom de cette céréale d'origine mexicaine. Produit à partir d'un *mixed mash* (que l'on peut traduire par « moût mélangé ») de céréales différentes, c'est le minimum légal de 51 % de maïs qui donne au bourbon sa douceur et sa rondeur. Comme très peu de whiskeys américains sont produits à partir d'une seule céréale, le maïs est également présent dans les ryes whiskeys et dans les blends.

Le seigle : c'est la céréale la plus utilisée dans les ryes whisk(e)ys américains et canadiens. Représentant un minimum de 51 % du *mash bill* (littéralement « recette du moût ») pour les Américains, il est présent en quantités beaucoup plus faibles pour les whiskies canadiens, ce qui n'empêche pas l'expression de son goût caractéristique.

LE MALTAGE

Première étape indispensable pour l'élaboration des fameux single malts, le maltage se décompose en quatre sous-étapes successives : le trempage, la germination, le séchage, notamment à la tourbe, et le concassage. L'objectif du maltage est d'extraire l'amidon des céréales. Longue et coûteuse, cette opération autrefois artisanale est aujourd'hui sous-traitée à des malteries mécanisées. Le maltage industriel présente de nombreux avantages par rapport au maltage traditionnel. Outre les considérations de temps et de coût, les malteries produisent une orge maltée de qualité constante, en tenant compte des spécificités propres à chaque distillerie. Aujourd'hui, seules quelques distilleries écossaises (Balvenie et Laphroaig à environ 15 %, Bowmore à 30 %, Kilchoman à 25 %, Springbank à 100 %, Highland Park à 20 %, Benriach à un peu moins de 10 %), japonaises (Chichibu) et irlandaises maltent encore une partie de leur orge sur place, contrairement aux États-Unis où la plupart des distilleries travaillent elles-mêmes les céréales. L'orge bien sûr, mais aussi le blé et le seigle sont des céréales qui peuvent être maltées.

Le trempage : une fois récoltée, l'orge entre dans une phase naturelle de dormance. Composée d'une enveloppe qui renferme un embryon (future plante) et d'une poche d'amidon (réserve d'énergie), l'orge est soumise à plusieurs phases d'humidification et d'oxygénation afin d'activer l'embryon en sommeil. Cette opération, qui en fonction des conditions atmosphériques varie de quarante-huit à soixante-douze heures, s'achève dès que le taux d'humidité du grain passe de 15 % à plus de 40 %. L'eau est alors évacuée et la germination peut débuter.

La germination : les céréales humides sont répandues sur des aires de maltage sur une épaisseur de 30 à 50 centimètres. L'embryon de la future plante commence à désintégrer l'enveloppe solide qui protège l'amidon. L'amidon se transforme en une sorte de farine souple blanchâtre dont les sucres seront extraits au moment du brassage. La chaleur engendrée par la croissance des embryons nécessite de retourner régulièrement les céréales. Cette opération physique est traditionnellement réalisée par les *maltmen* (environ toutes les 8 heures) afin d'éviter que les germes ne s'enchevêtrent. Lorsque les germes ont atteint une longueur de 2 ou 3 millimètres, la germination est interrompue afin d'éviter que l'embryon ne se nourrisse des sucres du grain utilisés pour la fermentation. L'orge, à ce stade, est appelée « malt vert ».

Le séchage ou touraillage : après six à huit jours, les graines sont transférées dans un four (appelé *kiln*) où la germination est stoppée par séchage à une température de 70 °C. Autrefois, on utilisait un feu de tourbe, de charbon ou de coke. Désormais, les malteries sont non seulement équipées de fours, utilisés pour le feu de tourbe, mais aussi de brûleurs qui insufflent de l'air chaud. Par ailleurs, on privilégie généralement une chauffe progressive pour ne pas faire bouillir les sucres quasi liquides au sein du malt. Une fois séché, le malt est débarrassé de ses impuretés, germes et autres résidus avant d'être livré aux distilleries.

Le concassage : c'est la première étape généralement conduite au sein de la distillerie. Les céréales sont concassées jusqu'à former une farine nommée *grist*. Les premiers cylindres du moulin expulsent le grain de son enveloppe, la balle. La suite des opérations produit une mouture grossière, le gruau, et des farines très fines. La mouture doit au final nécessairement comporter des proportions de moutures approchant 20 % de balle, 70 % de gruau et 10 % de farine de malt.

La plupart des whiskies de grain écossais sont produits à partir de blé non malté. Les enzymes nécessaires à la transformation d'amidon en sucre sont apportés par des petites quantités d'orge maltée (environ 10 à 15 %).

LA TOURBE

La tourbe confère à nombre de whiskies d'Écosse, du Japon ou encore d'Irlande, d'Inde ou des États-Unis leurs arômes fumés et médicinaux qui passionne un grand nombre d'amateurs de whisky. La tourbe est un combustible naturel issu de la très lente décomposition de végétaux (une tourbière gagne en moyenne 1 millimètre par an). Dans les Lowlands ou le Speyside, la tourbe peu compacte est riche en végétaux : bruyères, fougères, racines, pin d'Écosse. Sur les îles ou le long des côtes, la tourbe dense est riche en éléments marins (algues, sel, sable). On classe le plus souvent le malt en trois catégories, en fonction de la concentration de phénols en parties par million (ppm). Dans le Speyside, le degré moyen de tourbage oscille entre 2 et 3 ppm (légèrement tourbé), tandis que sur l'île d'Islay, ce taux peut atteindre 50 ppm (fortement tourbé). Entre 10 et 30 ppm de phénols, on considère que le whisky est moyennement tourbé. De récentes expérimentations ont même permis de dépasser le cap des 250 ppm sur l'île d'Islay ! Mais la plupart des distilleries utilisent du malt contenant 3 à 5 ppm.
En raison de son très fort taux d'humidité pouvant varier de 25 % à 60 %, la tourbe, en se consumant dans le kiln, ne produit que très peu de chaleur et génère des fumées épaisses

et grasses qui permettent de sécher en partie le malt vert, mais surtout de donner à ce dernier des arômes spécifiques de fumé. En fonction du taux d'humidité du malt, le séchage peut durer entre 25 et une quarantaine d'heures, et c'est au cours des premières heures de cette opération que la tourbe est utilisée.

La récolte de la tourbe, au même titre que celle de l'orge, constituait jusqu'à la fin des années 1950 un moment important dans l'activité annuelle d'une distillerie. Dès la fin du printemps et tout au long de l'été, lorsque le climat trop doux ne permettait plus de distiller, les employés récoltaient la tourbe dans les tourbières. Cette tâche, désormais désuète, est encore pratiquée dans les Orcades et sur l'île d'Islay.

Il faut 6 tonnes de tourbe pour 65 tonnes d'orge qui donneront 50 tonnes de malt contenant 30 à 40 ppm de phénols.

LE BRASSAGE ET LA FERMENTATION

Les sucres des céréales maltées et non maltées doivent être simplifiés pour pouvoir être fermentés. Deux acteurs indispensables entrent en jeu : les sucres transformés à partir de l'amidon par une enzyme activée pendant le maltage, suivie des levures qui vont procéder à la fermentation alcoolique.

Le brassage a pour but d'extraire les sucres fermentescibles contenus dans les graines de céréale. Le malt broyé, *grist*, est mélangé à de l'eau chaude dans une grande cuve généralement en Inox, remué à l'aide de pales tournantes et coiffé d'un couvercle. Après une première addition d'eau chauffée à environ 60 °C, le moût obtenu, le *wort*, contenant les sucres fermentescibles, est transféré dans une seconde cuve contenant une eau plus chaude. Un bain dans une troisième eau à une température encore plus élevée, entre 80 à 90 °C, permet de lessiver la cuve et récupérer les sucres restants. Cette troisième eau est récupérée pour servir d'amorce au prochain brassage.

CERTAINES CÉRÉALES COMME LE MAÏS, ESSENTIEL À LA PRODUCTION DU BOURBON AMÉRICAIN, NE PEUVENT PAS ÊTRE MALTÉES. LE MAÏS SUBIT UNE CUISSON À LA VAPEUR, DE LA MÊME MANIÈRE QUE L'ON PRÉPARE LE RIZ EN CUISINE, PUIS DES ENZYMES DE DIGESTION Y SONT ENSUITE ASSOCIÉES. CERTAINES MAISONS AJOUTENT ELLES-MÊMES DES ENZYMES EXOGÈNES, TANDIS QUE D'AUTRES COMPTENT SUR L'ACTION DES ENZYMES APPORTÉES PAR LES CÉRÉALES MALTÉES PRÉSENTES DANS LE MÊME MOÛT. ON OBSERVE ALORS UNE RÉACTION EN CHAÎNE.

Acteur essentiel dans le processus d'élaboration des whiskies, les levures sont des micro-organismes qui transforment le sucre en alcool et contribuent aussi à enrichir leur palette aromatique. Il en existe deux types : les levures naturelles, présentes dans l'atmosphère, et les levures de culture. Certaines brasseries artisanales utilisent encore des levures naturelles. Celles-ci ont un potentiel aromatique très riche, mais leur utilisation est jugée trop aléatoire par les distillateurs, qui leur préfèrent les levures de culture. Elles permettent d'anticiper le rendement en alcool et la production d'arômes spécifiques correspondant au profil aromatique des différents types de whiskies. Si les variétés de levures utilisées par les distilleries sont connues, toutes gardent farouchement le secret des souches utilisées, de leurs proportions et de leurs mélanges. Ceci constitue une recette de « fabrication maison ».

Après le brassage, le moût est transvasé dans de grandes cuves de plusieurs mètres de haut, appelées en Écosse les *washbacks* (en bois ou en Inox) puis refroidi à environ 20 °C, température idéale pour démarrer la fermentation. Sous l'action des levures, les sucres contenus dans le moût se transforment en alcool et en gaz carbonique. Le liquide, désormais appelé brassin, voit sa température monter à 35 °C, l'action des levures produisant une chaleur intense. Des bras mécaniques agitent le contenu de la cuve en permanence afin d'empêcher la mousse créée de déborder, mais surtout d'atteindre une température trop élevée qui serait fatale pour les levures. Il faut compter entre 40 et 60 heures pour que celles-ci transforment tous les sucres en alcool. Le brassin ainsi obtenu, une sorte de bière titrant généralement entre 5 % et 10 %, est ensuite acheminé vers des cuves de stockage connectées aux alambics servant à la distillation.
La production d'alcool sous l'action des levures a également permis la création d'arômes spécifiques. Ces composés aromatiques, appelés « esters », persistent jusqu'à se retrouver dans le whisky.

LES ALAMBICS ET LA DISTILLATION

Si les distilleries ne jurent que par la qualité de leur eau, elles ne changeraient pour rien au monde la forme et la taille de leurs précieux alambics. Car l'alambic mais aussi « l'art de la distillation » forgent le caractère et la typicité du futur whisky.

L'ALAMBIC SOUS TOUTES SES FORMES

L'alambic employé pour la distillation des single malts écossais est de type *pot still*. Sorte de bouilloire surmontée d'un chapiteau, il nécessite d'être nettoyé après chaque utilisation. Sa forme varie selon les distilleries. L'*onion shape* et le *boil ball* à compartiment sphérique sont les plus répandus. Citons également le *classic pot still* ou *lantern still* qui rappellent les anciens alambics clandestins, le *pear shape* avec sa forme inhabituelle de poire, le *bell shape* en forme de cloche, sans oublier le très rare *lomond still*, encore utilisé par Scapa et Dalmore, dont le chapiteau évoque la forme cylindrique d'un *patent still*, l'alambic à colonnes (procédé de distillation en continu utilisé pour l'élaboration des whiskies de grain).
Quelle que soit sa forme, le pot still en cuivre s'achève par un col-de-cygne lui-même relié à un condenseur. L'utilisation du cuivre dans la confection des alambics n'est pas le fruit du hasard. C'est un matériau malléable qui agit en tant que catalyseur et permet d'éliminer des substances sulfurées indésirables.
Traditionnellement chauffés au charbon, les alambics à chauffe directe sont équipés de bras rotatifs entraînant une chaîne de cuivre afin d'empêcher la bière de malt (*wash*) de coller au fond de l'alambic ou de brûler. Ce dispositif baptisé *rummager* est absent des alambics chauffés à la vapeur. Ces derniers, qui utilisent une méthode de chauffage indirect (interne à l'alambic), sont aujourd'hui les plus répandus.

LA DOUBLE DISTILLATION

En Écosse, la distillation des single malts s'effectue généralement en deux temps. La bière, le wash, obtenue à l'issue de la fermentation, est

tout d'abord acheminée vers un ou plusieurs alambics de grande taille baptisés *wash stills*. Ces derniers sont équipés de hublots qui permettent de contrôler l'ébullition à l'intérieur de l'alambic. Les *low wines* (bas vins) obtenus après condensation des vapeurs d'alcool, titrent en moyenne 25 % vol. Ils s'écoulent à travers le *spirit safe*, véritable coffre-fort à alcool, permettant au *stillman*, le distillateur, de mesurer avec précision sa densité. La première distillation s'achève lorsque le liquide demeuré au fond du wash still ne titre pas plus de 1 % vol. Ce résidu appelé *pot ale*, qui peut représenter plus des deux tiers du wash initial, sert à l'alimentation du bétail.
Les low wines sont ensuite acheminés vers un alambic de plus petite taille, le *spirit still*, pour y subir une deuxième distillation. Le premier distillat obtenu est acheminé vers le coffre à alcool afin d'être analysé. Riches en esters aromatiques, en aldéhydes et en acides, les têtes de distillation (*foreshots*) titrent entre 72 % et 80 % vol. et se troublent par adjonction d'eau distillée. Impures, elles sont redistillées avec la charge suivante de low wines. Au fur et à mesure de la distillation, le degré alcoolique diminue. Lorsque le liquide ne se trouble plus, on est en présence du futur whisky, le *middle cut* ou cœur de chauffe, qui titre en moyenne entre 68 % et 72 % vol. En dessous de 70 % vol., les queues de distillations (*feints*), riches en sulfures et en composés aromatiques lourds et puissants, sont redistillées avec la charge suivante de low wines. La distillation s'achève lorsque le liquide encore présent dans le spirit still titre moins de 1 % vol. Ce résidu, appelé *spent lees*, est traité avant rejet.

INFLUENCE DE L'ALAMBIC ET DE LA DISTILLATION SUR LE NEW SPIRIT

Le nombre de distillations, la taille, la forme des alambics, la vitesse de distillation, le procédé de chauffage mais aussi l'inclinaison du col-de-cygne sont autant de paramètres qui influent sur le caractère du whisky. En Écosse, la plupart des distilleries pratiquent une double distillation, cependant certaines distilleries des Lowlands ont adopté la triple distillation, procédé traditionnel en Irlande. Les single malts distillés trois fois se révèlent plus légers et marqués par d'élégantes notes florales et fruitées. La distillerie Springbank à Campbeltown est un cas particulier puisqu'elle pratique une double distillation et demie, procédé complexe que peu de spécialistes peuvent expliquer aisément, mais qui a son importance dans le caractère de ce single malt.
La taille de l'alambic influence également le caractère du single malt. L'alambic est chauffé jusqu'au point d'ébullition de l'alcool, plus bas que celui de l'eau. Les vapeurs d'alcool les plus légères, très volatiles, s'élèvent facilement et passent à travers le col-de-cygne. Les plus lourdes retombent parfois au fond de l'alambic pour être redistillées. Ainsi, plus l'alambic est haut et plus le whisky sera léger, comme chez Glenmorangie, qui possède les plus hauts alambics d'Écosse (5,13 m). À l'inverse, un petit alambic favorisera l'élaboration d'un single malt plus corpulent et plus huileux, tel Macallan.
Les formes variées de l'alambic pot still ont aussi leur importance. Par exemple, le compartiment sphérique situé entre la base et le chapiteau du boil ball, permet aux vapeurs d'alcool les plus lourdes de redescendre afin d'être redistillées et donc de produire un whisky plus léger. Par ailleurs, un alambic chauffé à très haute température accélère la vitesse de distillation, mais nuit à la qualité. Une distillation lente forge la complexité du futur single malt.
L'inclinaison du col-de-cygne joue un rôle comparable à la taille de l'alambic. Un col peu incliné permet aux vapeurs les plus légères de se diriger vers le condenseur. Il existe deux types de condenseurs : les traditionnels serpentins (*worms*) et les plus modernes *tube condensers* en forme de U. Certaines distilleries ont récemment choisi de revenir aux serpentins traditionnels, preuve que même à ce stade, le whisky peut modeler son caractère.
Une fois que l'alcool pénètre dans le spirit safe, l'attention du stillman est à son comble pour déterminer l'intervalle durant lequel il va recueillir le middle cut. Le goût et la typicité du futur whisky (*new spirit*) dépendent en grande partie de cet intervalle. Ainsi, plus le new spirit contient de têtes de distillation, plus sa force alcoolique est élevée et plus il est riche en esters aromatiques. De tels whiskies se révèlent généralement légers, marqués par des notes fruitées et florales prononcées. À l'inverse, un new spirit chargé en

queues de distillation est moins fort en degré et se révèle plus riche et d'une plus grande complexité aromatique. Cependant, une coupe trop tardive peut engendrer des défauts aromatiques majeurs et irréversibles (notes soufrées, légumineuses). Tout est une question de dosage, de précision.
La durée de vie d'un alambic pot still varie de vingt à trente ans. Compte tenu de l'importance et du caractère spécifique de chaque composant, certaines distilleries craignant de modifier le goût de leur whisky vont jusqu'à reproduire les imperfections (creux, bosses) de leurs alambics.

LES FÛTS ET LE VIEILLISSEMENT

Apprécié pour sa robustesse et son étanchéité, le fût de chêne a longtemps été utilisé comme simple réceptacle, indépendamment de son pays d'origine. À partir du XXe siècle, les producteurs, contraints de faire vieillir leur whisky pour un minimum de trois ans, commencèrent à s'intéresser aux vertus du chêne et à son impact sur la palette aromatique et chromatique.

LES VARIÉTÉS DE CHÊNE ET LEURS PROPRIÉTÉS

Il existe plus de cinquante variétés de chêne dans le monde, mais seules quelques-unes possèdent les propriétés requises pour le vieillissement du whisky. La variété la plus couramment employée, *Quercus alba* (chêne blanc), est originaire des forêts du nord-est des États-Unis. Il s'agit d'un bois facile à courber et dont le grain, dur et serré, est réputé pour sa faible porosité. Le chêne blanc est surtout utilisé pour l'élevage des whiskeys américains mais aussi pour celui des xérès fino et amontillado.
Le chêne européen, de type *Quercus robur*, *Quercus sessilis* ou *petrae*, intervient notamment dans l'élevage des xérès oloroso, dont les fûts sont très convoités par les distilleries écossaises. Ce chêne présente un grain beaucoup plus tendre permettant d'extraire davantage de composés aromatiques. Avec le développement de la pratique des affinages, d'autres variétés ont été introduites, notamment le chêne français du Limousin (*Quercus pedunculata*), utilisé pour l'élevage du cognac. L'âge de la coupe du chêne varie de quarante à cent ans pour les chênes américains et de soixante à cent cinquante ans pour les chênes européens.

LES DIFFÉRENTS TYPES DE FÛTS

La lente maturation des whiskies s'effectue dans des fûts de chêne de capacité variable. Les fûts de petite taille favorisent un développement plus rapide des arômes, en raison d'un ratio bois-alcool en faveur du bois. On distingue principalement quatre types de fûts :

• LE BOURBON BARREL, 180 ET 200 LITRES

Utilisé pour l'élevage des whiskeys américains, ce fût, introduit en Écosse dans les années 1930, fournit désormais près de 97 % de la demande. Les fûts de bourbon sont démontés et expédiés en Écosse sous forme de douelles. Une fois remontés, ils sont soumis à un brûlage, (*charring*), plus ou moins important.

• LE HOGSHEAD, 250 LITRES

Il est constitué de douelles d'ex-fûts de bourbon augmentées de quelques douelles neuves ou usagées.

• LE SHERRY BUTT, 480-520 LITRES

Les premiers fûts de xérès provenaient des bodegas de Jerez de la Frontera, en Andalousie. Ces fûts, les plus chers du marché, sont de plus en plus difficiles à sourcer.

• LE PUNCHEON, 480-520 LITRES

Élaboré à partir de chêne blanc américain, il fut introduit dans les années 1960. Avant tout employé pour l'élevage des whiskies de grain, il est en voie de disparition.

Tous ces fûts peuvent être utilisés en l'état ou subir différents types de traitements, dont le *wine seasonning* (le fût est loué aux bodegas pour l'élevage du xérès puis rendu aux distilleries pour le vieillissement du whisky) ou le *charring* (l'intérieur du fût est brûlé de façon plus ou moins intensive afin de concentrer en surface les composés aromatiques du chêne). La durée de vie d'un fût est estimée à une soixantaine d'années.
Depuis l'an 2000, la tendance est aux affinages. Des fûts ayant contenu du madère, du porto, du sauternes, du bordeaux, du calvados, etc., sont expérimentés par un nombre croissant de distilleries écossaises. Chacun de ces affinages contribue à élargir et à étoffer un peu plus la palette aromatique et gustative des whiskies.

LES CONDITIONS DU VIEILLISSEMENT

LA NATURE DES CHAIS

Au cours des trente dernières années, les chais traditionnels en terre battue, *dunnage warehouses*, construits à proximité des distilleries, ont été peu à peu remplacés par des chais de type *rack warehouses* répartis sur différents sites en Écosse. Dans les dunnage warehouses, les fûts, entreposés à même le sol, sont placés les uns au-dessus des autres sur trois niveaux. Ces chais favorisent un vieillissement harmonieux en raison de leur bonne hygrométrie et d'une meilleure circulation de l'air. Les rack warehouses permettent d'entreposer les fûts dans des racks métalliques sur plusieurs mètres de hauteur et de profondeur. Ce type d'entrepôt favorise le contrôle de la température ambiante et limite l'évaporation de l'alcool. Ce phénomène, indissociable du vieillissement en fût, est connu sous le nom poétique de part des anges, *the angel's share*.

LE CLIMAT

On estime que le whisky s'évapore à raison de 2 % par an en fonction du climat. Plus il fait froid, plus le chai est humide et plus l'alcool (plus volatil que l'eau) aura tendance à s'évaporer. Le whisky perdra ainsi en force alcoolique mais pas en volume. À l'inverse, plus il fait chaud, plus le chai est sec et plus l'eau aura tendance à s'évaporer. Dans ces conditions, le volume du whisky baisse, mais la force alcoolique demeure voire augmente. En vérité, chaque fût semble réagir différemment et dans un même chai, deux fûts de whisky issus du même distillat présentent rarement un degré alcoolique similaire (une différence de dix degrés les sépare parfois). Les variations de température et l'emplacement du fût dans le chai sont à l'origine de tels écarts.

L'ENVIRONNEMENT

L'air ambiant qui s'infiltre à travers les pores du bois a également son importance. Ainsi les whiskies qui vieillissent à proximité de la mer, notamment ceux de la presqu'île de Campbeltown, de l'île d'Islay et de l'île de Skye, captent des arômes marins et des saveurs salées parfois très marquées.

LES ARÔMES DU VIEILLISSEMENT

Le bouquet des whiskies est le fruit de réactions chimiques complexes entre le distillat et les différents composants du bois. Ces derniers sont les tanins, la lignine, les lactones, le glycérol, les polysaccharides (sucres), les acides gras et les aldéhydes aromatiques. En dégradant la lignine,

l'alcool libère des aldéhydes, dont le plus connu, la vanilline, apparaît dès le début du vieillissement. Les esters fruités et floraux ne se développent qu'avec le temps. On les retrouve surtout dans les whiskies âgés de dix à quinze ans. Les whiskies plus jeunes, proches des arômes de céréales, dévoilent un fruité discret (poire). Ceux de plus de vingt-cinq ans révèlent, quelle que soit leur région d'origine, de fins arômes exotiques (lait de coco) provenant des lactones (très présentes dans le chêne) qui mettent un certain temps à migrer dans le whisky. Au cours du vieillissement, le whisky change également de texture : en libérant des particules solides (sucres et glycérols), il devient plus suave. C'est au cours des premières années de vieillissement que le futur whisky se pare d'une belle teinte dorée ou ambrée. Ce phénomène est d'autant plus accentué dans le cas d'un vieillissement en fûts de premier remplissage n'ayant contenu que du bourbon, xérès ou autre, avant d'accueillir du whisky. Pour ces derniers, la couleur varie du jaune doré au rouge cuivré, selon qu'il s'agisse d'un vieillissement en fûts de sherry fino ou oloroso. À l'inverse, des fûts de bourbon utilisés plusieurs fois n'auront pratiquement aucune influence sur la couleur du whisky, le fût ne jouant alors qu'un rôle d'affineur. L'étape du vieillissement n'est en aucun cas une période passive. À l'origine de 40 % à 60 % de la palette aromatique des whiskies, le fût de chêne agit comme un creuset au sein duquel fusionnent tous les éléments qui contribuent à la naissance du whisky.

L'ASSEMBLAGE

L'art de l'assemblage ne se limite pas aux whiskies, il concerne également d'autres spiritueux, mais aussi les vins, les parfums, le thé, le café, etc. Cette pratique s'est développée en Écosse à partir du XIXe siècle avec l'apparition de négociants en vins et spiritueux : John Walker de Kilmarnock (1820), George Ballantine d'Édimbourg (1827), William Teacher de Glasgow (1830), James Chivas d'Aberdeen (1839), John Dewar de Perth (1846). Ces « barons du whisky », véritables visionnaires, marquèrent profondément l'industrie du whisky et surent inscrire leur action dans le temps et au-delà des frontières.

LES DIFFÉRENTS TYPES D'ASSEMBLAGE

LA GENÈSE

C'est Andrew Usher qui, en qualité d'agent pour Smith's of Glenlivet, lança la première marque commerciale de whisky, le Usher's Old Vatted Glenlivet. Quelques années plus tard, le Gladstone's Spirit Act autorisa l'assemblage de whiskies de grain et de malt sous entrepôt. Il permit ainsi l'essor du blended scotch.

BLENDING ET BLENDED SCOTCH

Les blended scotchs sont issus de l'assemblage de single malts et de whiskies de grain.

À l'origine, ces derniers étaient élaborés à partir d'un mélange d'orge maltée et non maltée, puis distillés dans des alambics traditionnels, pot still, de grande taille. L'introduction d'un nouvel appareil de distillation en 1831, le patent still (alambic à colonne), plus économique et au rendement élevé, marqua un véritable tournant. En 1846, l'abrogation de la loi sur le maïs (qui limitait l'utilisation de cette céréale) permit de remplacer le mix orge maltée/orge non maltée, par un mélange de céréales moins coûteux à fort pourcentage de maïs. Ces différents facteurs, conjugués au phylloxéra, qui ravagea le vignoble français à partir des années 1860, permirent aux blended scotchs de s'imposer rapidement sur la scène internationale.

BLENDED MALT ET BLENDED GRAIN WHISKIES

Un autre style d'assemblage consiste à mélanger des single malts de différentes distilleries. Ces whiskies, blended malts (anciennement *vatted malts* ou *pure malts*), plus confidentiels, se limitent essentiellement aux grandes maisons d'assemblage qui en proposent quelques versions : Monkey Shoulder, Johnnie Walker 15 ans Green Label, Cutty Sark Blended Malt. Mais ce style de whisky intéresse une nouvelle génération de créateurs, tel John Glaser, fondateur de Compass Box, qui élabore des blended malts et des blended grains, assemblages de plusieurs whiskies de grain, issus de petites cuvées, *small batchs* (assemblages de quelques fûts).

VATTING ET SINGLE MALT

La technique du vatting intervient également dans l'élaboration des single malts. Elle consiste à mélanger des fûts de whiskies d'âges différents au sein d'une même distillerie. C'est l'âge du plus jeune whisky entrant dans le mélange qui figure sur l'étiquette de la bouteille. Cette pratique, employée afin d'atténuer les disparités d'arômes et de goûts d'un fût à un autre, concerne la plupart des single malts disponibles sur le marché.

LES ARÔMES AU CŒUR DE L'ASSEMBLAGE

LES MASTER BLENDERS

De nos jours, les master blenders ne sont plus les marchands ni les négociants indépendants inspirés du XIXe siècle, mais des hommes et des femmes au service d'une maison d'assemblage. Leur sens olfactif est sollicité quotidiennement et leur travail consiste non seulement à assurer la constance des blends existants, mais aussi à évaluer la qualité du nouveau distillat produit par les distilleries « maison ». Ils disposent pour cela d'un nouvel outil, le Cask Management, qui permet une meilleure traçabilité des fûts (âge, origine).

UNE SYMPHONIE D'ARÔMES

Véritable chef d'orchestre, le master blender dispose d'une gamme infinie d'arômes afin de composer son œuvre. Toute composition est structurée par un schéma aromatique (une recette) qui lui servira de partition à l'intérieure de laquelle il donnera libre court à son inspiration.

Dans un premier temps, le master blender organise ses instruments, les whiskies, en fonction de leur profil aromatique et de leur complémentarité. Pour le thème principal, il utilise les senteurs les plus parfumées, les arômes de fruits (agrumes), de fruits secs et de fleurs. Pour l'harmonie, il recherche des notes plus vertes, plus herbacées ainsi que des notes épicées. Enfin les percussions sont assurées par les arômes issus de la tourbe, notamment les notes fumées et médicinales. Malgré l'identité très affirmée de certains whiskies, le master blender cherche avant tout à rendre l'ensemble harmonieux et complexe.

L'INTENSITÉ DE L'ŒUVRE

Parallèlement au choix de la palette aromatique, le master blender définit l'intensité avec laquelle chaque whisky participe à l'harmonie finale. Ainsi, contrairement aux idées reçues, la proportion de whisky de grain détermine non pas tant la qualité, que l'intensité de l'assemblage. Au final, ce sont le choix des ingrédients et le savant dosage de chacun d'entre eux qui importent le plus. Compte tenu de ce qui précède, un blend composé d'une part importante de single malts tourbés, de quelques single malts délicats et d'une faible proportion de whiskies de grain ne fera jamais un mélange complexe. En règle générale, le ratio whisky de malt/whisky de grain est de l'ordre de 25/75 et le nombre de distilleries représentées varie de vingt à cinquante. Ce large panel de distilleries permet de pallier la fermeture éventuelle de l'une d'entre elles.

LA RÉALISATION DE L'ŒUVRE

Une fois les whiskies sélectionnés et leurs proportions définies, la réalisation de l'assemblage peut enfin débuter. Certaines maisons d'assemblage mélangeront séparément les whiskies de malt et les whiskies de grain, d'autres déverseront dans une même cuve tous les whiskies et les laisseront reposer avant dilution. À ce stade, le degré est ramené à un niveau légèrement supérieur ou égal à celui de la mise en bouteilles par adjonction d'eau déminéralisée. Certaines maisons embouteillent directement le mélange ainsi obtenu après seulement quelques jours de mariage, *marriage* en anglais. Pour d'autres, cette étape, le *marrying*, est perçue comme un élément déterminant favorisant le développement et le mélange harmonieux des arômes. Le whisky est alors remis en fûts usagés, afin d'éviter toute influence du bois, pour une période pouvant varier de trois à six mois. Deux semaines avant la mise en bouteille, les fûts sont vidés dans une large cuve. Le whisky subit une ultime dilution afin d'atteindre le degré souhaité.

Nul ne saurait remettre en cause le rôle déterminant que jouèrent les blended scotchs dans le façonnage et l'émergence d'une industrie du whisky moderne et pérenne. Des marques telles que Ballantine's, Chivas Regal, Dewars et Johnnie Walker ont donné au scotch whisky ses lettres de noblesse. La technique du vatting a également permis de transcender le caractère spécifique de chaque distillerie en donnant naissance à des single malts à la palette aromatique encore plus expressive.

The Arran Malt
Ardbeg
The BenRiach
BenRiach 1898 Distillery
Glenfiddich.
The GlenDronach Distillery Co. Limited
Old Pulteney

L'ÉCOSSE

Définition : « **Le single malt écossais** est élaboré par distillation d'un moût d'orge maltée, vieilli pendant au moins trois ans en fût de chêne et embouteillé en Écosse… »

« **Le whisky de grain écossais** est élaboré par distillation d'un mélange d'orge maltée et d'autres céréales maltées ou non maltées (blé, maïs ou seigle), vieilli pendant au moins trois ans en fût de chêne et embouteillé en Écosse… »

L'Écosse concentre le plus grand nombre de distilleries de single malt au monde. Avec plus d'une centaine de distilleries de malt en activité, elle offre une diversité de caractères et d'arômes absolument unique.

Elle dispose également d'une petite dizaine de distilleries de grain dont la majorité se situe dans le sud du pays à proximité des principales agglomérations : Édimbourg et Glasgow.
Il y a encore 30 ans, on distinguait principalement deux régions : les Highlands et les Lowlands. La question des régions de production en tant que « terroir » n'est apparue qu'au tout début des années 1980, lorsque l'offre de single malts s'est considérablement enrichie. On distingue aujourd'hui cinq appellations officielles principales rattachées à des régions distinctes - les Lowlands, les Highlands (et les îles), le Speyside, l'île d'Islay, la presqu'île de Campbeltown - ainsi que la catégorie des blends, nom donné aux fameux assemblages de whiskies de grain et whiskies de malt.

ORCADES
Kirkwall
SCAPA
HIGHLAND PARK
WOLFBURN
PULTENEY
Wick
LEWIS
Stornoway
ABHAINN DEARG
Hebrides Islands
CLYNELISH
BRORA
Moray Firth
Ullapool
BALBLAIR
GLENMORANGIE
INVERGORDON
BEN WYVIS
TEANINICH
DALMORE
GLEN ORD
ROYAL BRACKLA
GLEN MHOR
Inverness
MILLBURN
GLEN ALBYN
ASSAUGH
BANFF
MACDUFF
Banff
GLENUGIE
SKYE
TALISKER
SPEYSIDE
ARDMORE
GLEN GARIOCH
TOMATIN
Aberdeen
ROYAL LOCHNAGAR
FETTERCAIRN
GLENURY ROYAL
GLENLOCHY
BEN NEVIS
DALWHINNIE
Fort William
EDRADOUR
HILLSIDE
LOCHSIDE
Pitlochry
BLAIR ATHOL
GLENCADAM
NORTH PORT
Montrose
TOBERMORY
HIGHLANDS
ABERFELDY
STRATHEARN
Dundee
Perth
Firth of Tay
Oban
OBAN
MULL
GLENTURRET
DAFTMILL
DEANSTON
TULLIBARDINE
CAMERONBRIDGE
Firth of Lorn
JURA
LOCH LOMOND
Stirling
Firth of Forth
GLENGOYNE
INVERLEVEN
AUCHENTOSHAN
ROSEBANK
Edimbourg
ST MAGDALENE
GLENKINCHIE
BUNNAHABHAIN
JURA
LITTLEMILL
Glasgow
NORTH BRITISH
CAOL ILA
GLEN FLAGLER
STARLAW
KILCHOMAN
BOWMORE
KINCLAITH
ARDBEG
STRATHCLYDE
BRUICHLADDICH
LAGAVULIN
ISLAY
PORT ELLEN
LAPHROAIG
ARRAN
LOWLANDS
GLEN SCOTIA
ARRAN
SPRINGBANK
Ayr
Campbeltown
GLENGYLE
LADYBURN
CAMPBELTOWN
GIRVAN
AILSA BAY
Firth of Clyde
Dumfries
ANNANDALE
BLADNOCH
Angleterre
COLEBURN
DALLAS-DHU
MILTONDUFF
ROSEISLE
Lossiemouth
GLENBURGIE
Elgin
LINKWOOD
INCHGOWER
Buckie
BENROMACH
Keith
KNOCKDHU (ANCNOC)
GLENTAUCHERS
Rothes
AUCHROISK
AULTMORE
GLEN KEITH
STRATHISLA
STRATHMILL
GLENLOSSIE
GLENROTHES
GLEN GRANT
GLEN MORAY
GLEN SPEY
MANNOCHMORE
Huntly
GLENDRONACH
CRAGGANMORE
GLENLIVET
TAMNAVULIN
TORMORE
Dufftown
Grantown on Spey
BALMENACH
TOMINTOUL
BRAEVAL
CARDHU
DAILUAINE
KNOCKANDO
TAMDHU
SPEYSIDE
Spey
ABERLOUR
ALLT-A-BHAINNE
BENRINNES
CRAIGELLACHIE
GLENALLACHIE
GLENFARCLAS
MACALLAN
BENRIACH
CAPERDONICH
DAILUAINE
GLEN ELGIN
IMPERIAL
LONGMORN
SPEYBURN
BALVENIE
CONVALMORE
DUFFTOWN
GLENDULLAN
GLENFIDDICH
KININVIE
MORTLACH
PITTYVAICH
SPEYSIDE
DISTILLERIE EN ACTIVITÉ
DISTILLERIE FERMÉE / EN SOMMEIL
DISTILLERIE DÉTRUITE / DÉMANTELÉE
DISTILLERIE DE GRAIN
0
25
50
75
100 km

QUELQUES RAPPELS

WHISKY DE GRAIN
(Single grain ou blended grain) :
Contrairement à son comparse, le whisky de malt, le whisky de grain écossais est élaboré à partir d'un mélange de céréales (maïs, blé ou seigle à hauteur de 90 %, et orge maltée à hauteur de 10 %) fermentées et distillées dans des alambics à colonne, souvent nommés *coffey* en référence à son inventeur. Le single grain est issu d'une seule distillerie de grain, contrairement au blended grain qui résulte du mélange de la production de plusieurs distilleries de grain. La plupart des whiskies de grain écossais sont utilisés pour la production de blends.

WHISKY DE MALT
(Single malt ou blended malt) :
En Écosse, le whisky de malt est élaboré à partir d'orge maltée exclusivement et distillé en général deux fois en alambic à repasse (les fameux alambics à *pot*). Le célèbre single malt écossais est toujours issu d'une seule distillerie de malt. Par opposition au blended malt qui contient des whiskies de malt issus du mélange de la production de plusieurs distilleries de malt.

BLEND = whisky de grain+ whisky de malt

WHISKY OFFICIEL :
Un embouteillage officiel (en anglais OB pour *official bottling*), n'est autre qu'un whisky embouteillé à l'initiative du propriétaire de la distillerie dont il est issu, comme Highland Park 18 ans, Glendiddich 12 ans, Glendronach 12 ans Original ou Kilchoman 100 % Islay. Ce single malt officiel peut être décliné selon différents âges, millésimes, vieillissements, le but étant de préserver le profil aromatique de ses diverses versions au fil des ans. Ils se distinguent par une identité visuelle forte, jusqu'à une forme de bouteille spécifique. Toutefois, les officiels ne sont pas les seules versions disponibles sur le marché.

WHISKY DE NÉGOCE :
Tout au long de l'année, les groupes et distilleries cèdent une quantité importante de fûts qui sont rachetés par les négociants, également connus sous le nom *d'independent bottlers* (IB). À l'inverse des officiels, les embouteillages de négoce se font souvent au fût par fût (*single cask*) ou peuvent résulter de l'assemblage de quelques fûts (*small batch*). Ils se distinguent par des étiquettes d'une grande sobriété où figurent à la fois le nom de la distillerie et celui du négociant. Chaque mise en bouteille étant limitée, leur distribution est plus confidentielle et exclusive. Si la majorité des grands noms du whisky étaient encore récemment disponibles en version de négoce, depuis 2005, les distilleries sont de plus en plus nombreuses à interdire l'accès de leurs whiskies aux négociants. Quelques unes sont d'ailleurs réputées pour n'avoir jamais laissé circuler un seul fût sur le marché. D'autres encore ont longtemps entretenu leur rareté.

LES RÉGIONS DU SINGLE MALT WHISKY ÉCOSSAIS

La première différenciation régionale se fait avec le *Wash ad* (1784) qui définit la ligne des Highlands, distinguant les whiskies produits au nord et ceux du sud, les Lowlands. Ce texte portait sur la réduction des taxes, les soumettant à la capacité des alambics - entre autres - dans le but d'encourager la distillation légale dans une région (le Nord) où la clandestinité était reine, plus qu'une identification de style régional. Les distillateurs des Lowlands réagissent face à cette loi qu'ils jugent inégale et désavantageuse. Ces mesures portant sur la taille des alambics, la teneur en alcool du moût et la vitesse de distillation, vont bien entendu impacter le goût du whisky.

Les whiskies des Highlands étaient à l'origine bien plus réputés que ceux des Lowlands (tenus pour moins riches, moins goûteux). Dans le courant XIXe siècle, d'autres régions de production allaient acquérir une solide réputation : Islay, Campbeltown et la vallée de la Livet, grâce d'abord au whisky d'un certain George Smith (voir pages 16-17) apprécié par le roi Georges IV, et quelques années plus tard, avec le Old Vatted Glenlivet, assemblage pionnier d'Andrew Usher, l'un de leurs agents. Glenlivet est alors symbole de qualité (des distilleries voisines accolaient la mention « Glenlivet » au nom de leur distillerie sur l'étiquette, telle une appellation), mais aussi d'un style, celui du Speyside.

C'est avec l'intérêt de plus en plus affirmé des amateurs pour les single malts, dans les années 1980, que l'on s'est attaché à définir des classifications régionales : Highlands, Speyside, Islands, Islay, Cambpeltown et Lowlands, qui sont aujourd'hui les « appellations » reconnues. Cette classification plutôt pratique, doit néamoins être maniée avec précaution tant les exceptions sont nombreuses : on peut trouver des whiskies tourbés dans le Speyside (Benriach, Benromach) alors que tous les whiskies des îles (Islay notamment) ne sont pas forcément tourbés (Bruichladdich, Bunnahabhain, Scapa...). Combien d'amateurs, même avertis, ont été surpris au cours de dégustations à l'aveugle !

L'ÎLE D'ISLAY

Située au sud-ouest des côtes écossaises et au sud de l'île de Jura, Islay constitue une région à part entière et un lieu unique dans le monde du whisky. Elle figure au rang des îles du territoire les plus exposées aux vents et tempêtes. Balayée par les embruns marins, elle est recouverte sur un quart de sa superficie de tourbières et possède aussi des terres fertiles propices à la culture de l'orge. Afin de s'adapter aux conditions climatiques et géologiques, les distilleries sèchent depuis toujours leur malt au moyen de la fameuse tourbe disponible en grande quantité sur l'île. Ainsi, les whiskies de cette île figurent parmi les plus fumés, terreux et iodés d'Écosse. Islay dispose également du nombre de distilleries au mètre carré le plus important d'Écosse. En 1833, on compte une douzaine de distilleries sous licence dont Laphroaig, Lagavulin, Ardbeg, Bowmore mais aussi Port Charlotte, à ne pas confondre avec la distillerie du Speyside, Port Ellen, Octomore, Lossie. À la fin du XIXe siècle, il en restait neuf, certaines absorbées par d'autres plus importantes (Ardnestiel, par exemple, par Laphroaig). Pas moins de huit distilleries y sont actuellement actives (Ardbeg, Lagavulin, Laphroaig, Bowmore, Caol Ila, Bunnahabhain, Bruichladdich et Kilchoman) tandis que de nombreuses autres ont été fermées, Port Ellen par exemple, et qu'une est en cours de construction. Grâce à une tradition perpétuée de génération en génération, Islay offre l'expression ultime du whisky tourbé.

La distillation est apparue probablement sur l'île vers la fin du XIIIe/début du XIVe siècle. Elle aurait été développée par la famille Mac Beatha, pour certains, « Uisge Beatha » viendrait de là, ce qui se traduirait par « l'eau des Beatha », médecins officiels du Lord of the Isle, puissant seigneur régnant sur les îles Hébrides et une partie de la côte ouest de l'Écosse.

À l'aube du XIXe siècle, les agents des douanes qui arrivent sur l'île relèvent 233 noms de contrevenants à l'Excise Act (1823).

LA DISTILLERIE KILCHOMAN

Dernière distillerie à avoir été construite depuis plus d'un siècle sur l'île d'Islay, Kilchoman a célébré en septembre 2009 les trois années nécessaires à son new spirit pour obtenir l'appellation whisky. Construite sur le modèle d'une « ferme-distillerie », Kilchoman met un point d'honneur à distiller son new spirit à partir d'orge cultivée sur ses terres. Quelque 100 tonnes sont ainsi récoltées et maltées à la distillerie, assurant 25 % de ses besoins. Le reste provient de la malterie de Port Ellen. Son premier fût de new make spirit a été rempli en décembre 2005.

LE SPEYSIDE

Véritable « triangle d'or » du whisky, le Speyside s'étend des monts Cairngorm à l'extrémité sud, au golf du Moray délimité par deux rivières : à l'ouest, la Findhorn, et à l'est, la Deveron. Mais c'est une autre rivière, la Spey, qui lui a donné son nom. C'est dans ses affluents, la Fiddich, la Livet, ou l'Avon, que la plupart des distilleries de la région puisent leur eau. Le Speyside est d'ailleurs réputé pour concentrer le plus grand nombre de distilleries (environ la moitié des distilleries écossaises). La présence de nombreux cours d'eau et le climat tempéré en font une région naturellement fertile, idéale pour la culture de l'orge. Sans compter la multitude de caches que la région offrait aux micro-distilleries clandestines entre le XVIIIe et le début du XIXe siècle. Il n'est donc pas étonnant d'y retrouver une concentration impressionnante de distilleries aujourd'hui. Les whiskies du Speyside se distinguent par leurs notes fruitées et leur caractère rond et doux. Parmi les plus réputés, on peut citer les mythiques The Balvenie, Glenfiddich, Glenlivet, Macallan ou encore des, distilleries moins connues, mais très appréciées des connaisseurs (Benriach, Benromach, Mortlach et Glenrothes). Même si l'on peut évoquer un style, ce qui caractérise le Speyside reste la diversité.

LA DISTILLERIE BENROMACH

Que de chemin parcouru par l'une des plus petites distilleries du Speyside depuis sa réouverture en 1998. Fondée en 1898, à Forres, Benromach a eu une histoire mouvementée, connaissant quatre changements de propriétaire en moins d'un siècle et deux fermetures (1931-1937 et 1983-1998). Le dernier et actuel propriétaire, Gordon & MacPhail, l'un des plus vieux embouteilleurs indépendants écossais a bien

œuvré, 5 ans après son acquisition et à la suite de travaux, la distillerie ré-ouvre donc en 1998. Le premier embouteillage de la nouvelle ère, lancé en 2004, le Benromach Traditional donne le ton : c'est bien le style traditionnel des whiskies du Speyside d'avant les années 1960 que la distillerie veut mettre en avant. En ne négligeant pas son petit accent tourbé. Les chais sont de type dunnage et c'est de l'orge locale qui est utilisée pour produire un whisky élégant et riche.

LA DISTILLERIE GLENDRONACH

Glendronach signifie « la vallée des mûres » en gaélique. Située aux confins orientaux de la célèbre vallée du Speyside, à quelques kilomètres du village de Huntly, Glendronach se tient à l'écart des autres distilleries de la région. Ses bâtiments en pierres noircies, ses pagodes et ses volets rouge sang attirent immédiatement l'attention. Le petit ruisseau qui traverse la cour intérieure renforce le caractère artisanal de cette distillerie qui met en œuvre les méthodes traditionnelles de production qui expliquent en grande partie le caractère puissant et la forte personnalité de son single malt. Toujours très riche, celui-ci se révèle pleinement dans les versions sherry cask. Il témoigne alors d'un parfait équilibre.

LES LOWLANDS

Autrefois importante région de production du whisky, les Lowlands ont vu leur nombre de distilleries décliner rapidement, passant de huit distilleries en 1980 à seulement deux (Auchentoshan au nord de Glasgow et Glenkinchie à l'est d'Édimbourg) à la fin du deuxième millénaire. S'étendant autrefois au sud d'une ligne reliant Greenock, au nord de Glasgow, à Dundee dans le comté de Perth, cette région au relief vallonné et au littoral accidenté bénéficie d'un climat doux. L'ouverture de nouvelles distilleries depuis 2005 comme Daftmill et Ailsa Bay marque une renaissance de la région. Souvent considérés à tort comme des whiskies de seconde catégorie, les single malts des Lowlands constituent un style parfaitement identifiable, ce qui n'est pas le cas de tous les malts d'Écosse.

LA DISTILLERIE AUCHENTOSHAN

Véritable fierté de l'industrie britannique, Auchentoshan produit le single malt le plus emblématique des Lowlands. À l'instar des single pot still irlandais, Auchentoshan est la seule distillerie à pratiquer une triple distillation pour

l'intégralité de sa production, un héritage du XIXe siècle qui lui confère un profil fin et élégant. Autre fait remarquable, le cœur de chauffe y est recueilli à 82,5 %, soit 10 degrés de plus que celui des autres distilleries écossaises. Établie depuis 1823 à Dalmuir, la distillerie est accessible en train à partir de Glasgow.

CAMPBELTOWN

On pourrait s'étonner aujourd'hui de désigner comme région du whisky un lieu où l'on ne décompte que trois distilleries : Glengyle, Glen Scotia et Springbank. Mais il faut savoir qu'au début du XIXe siècle, la région comptait jusqu'à trente quatre distilleries ! Campbeltown était d'ailleurs surnommée « Spiritsville » ou encore « Whiskyopolis ». Une vingtaine existait toujours dans les années 1850, et ses malts étaient très recherchés jusqu'à la fin du XIXe siècle.
Toutes les conditions étaient réunies pour en faire un haut lieu de la distillation : un port naturel, un gisement de charbon, vingt malteries… Pourtant, à la fin des années 1920, il ne restait qu'une seule distillerie opérationnelle : Riechlachan (qui ferma en 1934). Surproduction, réserve de charbon épuisée, la prohibition américaine, la demande d'un style de whisky différent dans les années 1920 et des taxes élevées (guerre oblige) : tout cela entraîna le déclin de Campbeltown.

CHARLES CHREE DOIG (1855-1918)

Ce jeune architecte s'installe en 1882 à Elgin, dans le Speyside à une époque où le whisky est de plus en plus populaire. Les distilleries doivent accroitre leur capacité et les projets de nouveaux sites se développent. Doig sera à l'origine du fameux toit en pagode ou « ventilateur Doig », qui permet un meilleur tirage des cheminées, pour le séchage de l'orge. La première (d'une longue série) des distilleries à en être équipée sera Dailuaine, d'autres comme Glenfarclas, Talisker, Aberlour, Balblair, Knockando ou même Bushmill en Irlande suivront. Doig sera aussi le concepteur des différents espaces abritant les différentes tâches d'une distillerie, en y améliorant la fonctionnabilité et le confort. Aujourd'hui encore, il est difficile de mesurer la contribution de ce brillant architecte au monde du whisky tant elle est vaste. Et même si la plupart des distilleries ont arrêté de malter l'orge sur place, elles ont conservé ce fameux toit en pagode. Quand l'amateur de whisky sillonne ces terres, ces repères se détachent au loin sur sa route et lui indiquent la prochaine étape de son voyage.

Située tout au sud de la presqu'île du même nom, Campbeltown n'accueille donc plus aujourd'hui que trois distilleries. L'une d'entre elles, Springbank, produit trois marques différentes : Springbank, Hazelburn (distillé trois fois) et Longrow (tourbé). Les deux autres distilleries sont Glengyle réouverte en 2004 par le propriétaire de Springbank, qui vend son single malt sous la marque Kilkerran, et Glen Scotia qui a retrouvé un second souffle et une certaine stabilité depuis 1999.

LES HIGHLANDS ET LES ÎLES

Région la plus vaste d'Écosse, les Highlands marquent leurs frontières avec les Lowlands à partir des villes de Dundee à Oban, et regroupent toutes les îles en dehors d'Islay. Cette région présente une diversité de paysages importante. En effet, les montagnes (notamment le Ben Nevis et la chaîne des Grampians) et les vallées contrastent avec les lacs des comtés de Perth et d'Aberdeen ou avec la côte sauvage à l'ouest et au nord du pays. Les Highlands du whisky se subdivisent en plusieurs sous-régions.

Parmi les distilleries situées sur le Mainland, on trouve quelques-uns des plus grands noms de l'industrie du whisky : Dalmore, Glenmorangie et Clynelish, de même que quelques véritables pépites moins connues : Balblair, Ben Nevis, Edradour et Glen Garioch. Les whiskies des Highlands regroupent plusieurs styles : fruités, iodés ou plus charpentés, épicés voire avec quelques accents de tourbe.
Situées autour de la côte ouest écossaise, les îles abritent sept distilleries. Abhainn Dearg, Scapa, Talisker et Tobermory partagent un caractère foncièrement marin, marqué par des notes végétales (bruyère) et boisées, tandis que les autres (Arran, Highland Park et Jura), ressemblent plus aux whiskies du Mainland.

Surnommée « l'Écosse en miniature » pour ses montagnes, ses plaines, ses vallées, ses lacs et ses rivières, l'île d'Arran possède une tradition de distillation qui remonterait au siècle dernier. Mull et Jura ont été les deux premières îles à avoir été accessibles par ferry. Chacune possède sa distillerie, Tobermory, anciennement connue sous le nom de Ledaig, pour la pittoresque île de Mull et Isle of Jura pour l'île bien plus sauvage de Jura peuplée de 4 000 cerfs. Talisker, la distillerie de l'île de Skye connue pour son relief escarpé, se distingue par un tempérament volcanique, empreint de fumé et d'épices. Les Orcades, en anglais *Orkney*, tout au nord de l'Écosse, sont de petites îles qui accueillent des plaines aux terres fertiles. Rien d'étonnant que les deux distilleries Highland Park et Scapa s'y soient installées. Elles offrent un whisky moins marqué que la personnalité du Talisker, mais plus typé que ceux de Jura et Mull.

BEN NEVIS

Fondée en 1825 par « Long » John Mc Donald, la distillerie tient son nom de son imposant voisin, le Ben Nevis, qui du haut de ses 1 344 mètres est le point culminant de la Grande-Bretagne. Située à Fort William dans les Highlands de l'ouest, elle est la dernière des trois distilleries que comptait la ville au début du xxe siècle. On peut encore voir les bâtiments restants de la distillerie Glenlochy qui ferma ses portes en 1983, de l'autre côté de la rue. Ben Nevis est l'une des très rares distilleries qui pouvait produire un « single blend », puisque son site abritait non seulement des alambics à repasse mais également un coffey still, l'alambic en continu, de 1955 à 1971. Elle pouvait ainsi produire des whiskies de malt comme des whiskies de grains et donc faire son propre assemblage. La distillerie ferma ses portes de 1978 à 1984, puis de 1986 à 1989, date à laquelle elle devint la propriété du groupe japonais Nikka. Un tiers du distillat part au Japon pour y vieillir et alimenter les blends locaux du groupe. Le style de son whisky est puissant comme un highlander et généreux comme son directeur Colin Ross, un autre grand du monde du whisky, conteur infatigable sur l'histoire de notre nectar préféré. C'est sans doute cette générosité qui lui vaut un dévouement indéfectible de son équipe et de John Carmichael, le responsable du centre qui accueille les visiteurs de la distillerie. Vous pourrez vous rendre compte de leur gentillesse et de leur disponibilité, en vous rendant à la distillerie après une belle randonnée sur le Ben Nevis et y savourer un dram riche et réconfortant !

L'IRLANDE

Quand on parle de whisky, le pays qui vient naturellement à l'esprit est l'Écosse. Pourtant, c'est le whiskey irlandais qui a dominé le monde durant le XIXe siècle. Aussi, poser la question de savoir qui de l'Écosse ou de l'Irlande a inventé cette eau-de-vie relance un débat aujourd'hui encore non tranché.

« L'IRISH WHISKEY » EST ÉLABORÉ À PARTIR D'UN MOÛT DE CÉRÉALES (MALTÉES ET/OU NON MALTÉES), DISTILLÉ 2 OU 3 FOIS, VIEILLI POUR UN MINIMUM DE 3 ANS EN FÛT DE CHÊNE ET MIS EN BOUTEILLE EN IRLANDE À UN DEGRÉ MINIMUM DE 40 % VOL...

Si le whisky écossais, notamment avec les blends, a pris l'ascendant sur son cousin irlandais, c'est aussi grâce à un coup de pouce du destin directement venu d'Irlande : lorsqu'en 1830 Aeneas Coffey, Irlandais pur jus, met au point son fameux alambic à colonne et le propose à ses compatriotes distillateurs (dont Jameson), il se heurtera à une fin de non-recevoir. Qu'à cela ne tienne, il décide de présenter son invention aux Écossais, qui en perçoivent immédiatement les avantages et l'adoptent : le blend allait ainsi être créé de l'autre côté de l'Irish Sea, et ce sérieux concurrent mettra rapidement à mal la suprématie irlandaise.

BUSHMILLS
Londonderry
Belfast
IRLANDE DU NORD
ECHL
Dundalk
COOLEY
KILBEGGAN
Dublin
IRLANDE
Océan
Atlantique
DINGLE
Killarney
MIDLETON
Cork
Mer d'Irlande

UN PASSÉ GLORIEUX

En 1823, on comptait en Irlande une quarantaine de distilleries sous licence et 88 au milieu du XIXe siècle : la production est alors à son zénith, avec 12 millions de caisses (de 9 litres), vendues à travers une centaine de pays chaque année, faisant du whiskey irlandais la catégorie d'alcool la plus vendue de l'époque ! À Cork, la distillerie Midleton abrite alors le plus gros alambic du monde (143 872 litres !). Les distilleries de Bow Street (John Jameson & son) et de John's Lane (John Power & sons) employaient respectivement 275 et 300 ouvriers dans différents corps de métiers, des charpentiers, des chaudronniers, etc. Entre 1823 et 1900, la production quadruple : c'est l'âge d'or de l'irish whiskey.

LE DÉCLIN

Le début du XXe siècle verra une succession d'événements historiques qui impacteront le développement du whiskey irlandais : en 1909, la Commission Royale chargée de trancher sur la définition whisky/whiskey reconnaît ce statut aux whiskies issus de l'assemblage de différents grains (blends). Or l'Écosse, qui a déjà adopté les fameux alambics à colonne d'Aeneas Coffey, a déjà pris de l'avance dans ce domaine sur son voisin irlandais, proposant ce whisky à « l'irlandaise » moins agressif et bien moins cher à produire.
En 1916, le soulèvement de Pâques contre les Britanniques marque une évolution dans les velléités d'indépendance de l'Irlande, en plein conflit mondial. L'orge devient une priorité de l'effort de guerre et les distilleries cessent leurs activités, faute de matière première.

PARALLÈLEMENT À L'ESSOR DE SON WHISKEY, L'IRLANDE DOIT FAIRE FACE À LA PAUVRETÉ DE SA POPULATION, ET L'ALCOOL DEVIENT UN « REFUGE » POUR BEAUCOUP DE PERSONNES QUI Y SONT CONFRONTÉES. EN 1838, LE PÈRE THÉOBALD MATTHEW PART EN CROISADE CONTRE L'ALCOOLISME, AVEC SA CAMPAGNE « ABSTINENCE TOTALE », QUI RENCONTRE DE NOMBREUX PARTISANS : EN 5 ANS, 3 MILLIONS D'IRLANDAIS (L'IRLANDE COMPTE ALORS 8 MILLIONS D'HABITANTS) S'Y RALLIERONT. ET VINGT DISTILLERIES FERMERONT LEURS PORTES… SANS POUR AUTANT QUE LA PRODUCTION DU PAYS NE DIMINUE JUSQU'AU XXE SIÈCLE.

En 1920, la prohibition est promulguée aux États-Unis, privant les distilleries irlandaises de leurs plus gros clients, parallèlement la guerre d'indépendance opposant l'Irlande à l'Angleterre fait rage et l'Irlande subit un embargo la privant de ses autres principaux marchés... Aux États-Unis, la prohibition a coupé l'accès aux très prisés whiskeys irlandais et même les circuits clandestins n'arrivent plus à se fournir. Des ersatz locaux, vendus comme « irish whiskey » voient le jour. Véritables alcools frelatés, ils porteront un préjudice irrémédiable à cette appellation, et les consommateurs s'en détourneront même après la prohibition.
Au début des années 1930, les relations entre l'Angleterre et l'Irlande ne sont toujours pas au beau fixe et une guerre commerciale éclate, notamment avec la création de nombreuses taxes: l'Irlande perd par ce biais un autre de ses gros clients...
À la fin de la Seconde Guerre mondiale, les GI's américains basés sur le vieux continent (et notamment en Angleterre) adoptent le « scotch », suivis de leurs compatriotes... C'est le coup de grâce.
En 1953, on ne compte finalement plus que six distilleries sur le territoire, avec une production répondant principalement à la demande locale. En 1966, dans un sursaut de survie, les distilleries Jameson, Powers et Cork Distilleries Company se regrouperont pour former Irish Distillers Limited qui rachètera, en 1972, Bushmills la voisine du Nord. En 1975, Jameson et Powers quittent leur site de Dublin pour rejoindre celui de Midleton, à Cork. On ne compte plus alors que deux sites de production sur le sol irlandais : Bushmills au nord et Midleton au sud. C'est depuis cette forteresse que l'Irish Distillers Ltd préparera la renaissance du whiskey irlandais.

L'HEURE DU PHÉNIX, LE RENOUVEAU IRLANDAIS

En 1980, l'Irish Whiskey Act établit la réglementation sur les méthodes et techniques de production du whiskey irlandais. En 1988, Irish Distillers intègre le groupe Pernod Ricard, qui dotera sa nouvelle branche irlandaise de moyens conséquents pour repartir à la conquête du marché et remettre le whiskey irlandais à la place qu'il mérite. Jameson devient son fer de lance. Parallèlement, un nouvel acteur arrive dans le paysage irlandais : Cooley (voir page 56), première distillerie indépendante depuis plus de 100 ans. Elle propose un single malt tourbé, Connemara, un style qui dénote avec l'image classique du whiskey, mais qui rappelle que l'Irlande produisait aussi du whisky de malt tourbé au XIXe siècle, comme aime alors le répéter le fondateur de la distillerie John Teeling. Rien n'arrête cet homme, qui, quelques années plus tard rachète Kilbeggan (voir page 56), ramenant à la vie après 250 ans de silence l'une des doyennes des distilleries irlandaises. La distillation y reprend en 2007.

En 2008, le whiskey irlandais bénéficie d'une « appellation géographique » (GI), le mettant à l'abri des mauvaises surprises qui avaient en partie causé sa perte par le passé.

Aujourd'hui, l'avenir s'annonce radieux pour le whiskey irlandais, sa croissance est fulgurante depuis une douzaine d'années. Alors que la production de whiskey en Irlande avait touché le fond dans les années 1970 avec 400 000 caisses de 9 litres, elle a atteint 4 400 000 caisses en 2008; en 2014, elle a été de 6 700 000 caisses ! Il est exporté dans plus d'une centaine de pays. Entre 2003 et 2013, l'export a ainsi augmenté de 220 % et les prévisions pour les quinze prochaines années sont encore plus optimistes. Pour encourager ce développement, le gouvernement irlandais a décidé en 2014 de ne pas augmenter l'accise sur l'alcool. De nouvelles distilleries ont vu le jour : Dingle et Altech en 2012, Echlinville en Irlande du Nord (Bushmills n'est plus la seule du pays). 2014 a vu renaître un autre monstre sacré du whiskey irlandais avec Tullamore Dew (qui appartient au groupe écossais William Grant & Sons, propriétaire de Glenfiddich et The Balvenie entre autres). En tout, ce sont sept nouvelles distilleries qui viennent grossir les rangs irlandais. Et il semblerait que ce ne soit pas fini, puisqu'une vingtaine de projets sont en cours, dont l'un concerne une distillerie à Dublin, avec Jack et Stephen Teeling, les fils de John Teeling, aux commandes. Quand on a le whiskey dans la peau...

Entre-temps, les cartes ont aussi été redistribuées, plusieurs distilleries changeant de mains : Bushmills, qui fut cédée par Pernod Ricard au groupe Diageo en 2005, a été vendue à la fin de l'année 2014 à un groupe mexicain, Beckmann & Bull. Cooley et Kilbeggan passent fin 2011 aux mains du groupe américain Jim Beam, lui-même racheté en 2014 par le géant japonais Suntory. L'irish whiskey est bien redevenu un acteur incontournable de la planète whisky. Cela se fait sous l'œil bienveillant de la toute jeune Irish Whiskey Association, fondée en mars 2014 sur le modèle de sa cousine écossaise, qui défend et promeut l'appellation géographique et permet aux nouveaux arrivants de se développer dans de bonnes conditions.

POT STILL :
Porte-étendard de l'identité culturelle de son pays, le pot still est aujourd'hui le style le plus apprécié des connaisseurs. Deux principes fondamentaux le caractérisent :
- **un moût réalisé** à partir d'un mélange de céréales : une part égale d'orge maltée et non maltée. L'orge maltée confère au pot still un caractère fruité exubérant et épicé, ainsi qu'un toucher en bouche très crémeux.
- **la triple distillation** au sein des alambics à repasse en cuivre. Les Irlandais offrent une triple distillation à leur whiskey, contre deux pour le whisky écossais.

IRLANDE DU NORD

OLD BUSHMILLS

Située non loin de la rivière Bush, dans le comté d'Antrim, à trois miles de l'océan, Bushmills est le nom d'une petite bourgade. La distillerie du même nom dispose depuis 1784 d'une licence l'autorisant officiellement à produire du whiskey (la région s'était vue octroyer une autorisation de distiller dès 1608, date qui figure aujourd'hui encore sur les bouteilles…). Il ne subsiste malheureusement pas de trace des bâtiments d'origine, détruits par un incendie, les plus anciens visibles aujourd'hui datant tout de même de 1885. En 1890, le bateau de la distillerie, « S.S.Bushmills », fit sa traversée inaugurale de l'Atlantique pour livrer son whiskey aux États-Unis, pour se diriger ensuite à Singapour, en Chine et au Japon !

IRISH BLENDED WHISKEY

Actuellement en plein essor, le blended whiskey irlandais doit son succès phénoménal à l'art de l'assemblage dans lequel les distillateurs irlandais sont passés maîtres. Chez Bushmills ou Midleton, on assemble respectivement des single malts et des single pot stills d'âge et de nature différents à des alcools de grain à fort pourcentage de maïs.

Jusque dans les années 1960, l'orge brassée à Bushmills provenait d'Irlande du Nord. Pour subvenir aux besoins croissants de la distillerie et palier les irrégularités des récoltes, l'orge est désormais en grande partie importée de l'Eire.

Bushmills se distingue par son « single malt » dans le pays du « pure pot still », mais conserve ses racines irlandaises par la pratique de la triple distillation. Un usage qui ne date que des années 1930 ! De même, on avance communément que les whiskeys irlandais se distinguent de leurs cousins écossais par le fait qu'ils ne soient pas tourbés, mais Bushmills produisait un whiskey légèrement tourbé jusque dans les années 1970.

Cette distillerie qui avait jusqu'à présent vécu dans l'ombre de Jameson n'a jamais véritablement exprimé tout son potentiel. Les rares versions single casks embouteillées depuis l'an 2000 en sont la preuve.

IRLANDE DU SUD (EIRE)

MIDLETON

La route qui conduit de Dublin à Midleton, où se trouve l'une des distilleries les plus technologiquement avancées au monde, traverse la chaîne montagneuse du comté de Wicklow, pour atteindre le comté de Cork. Il faut remonter dans l'histoire pour comprendre le rôle déterminant et avant-gardiste de Midleton dans le profil actuel du whiskey irlandais. Les Irlandais sont connus pour leur farouche résistance à conserver les méthodes de fabrication ancestrales qui font

leur identité. Ce que l'on sait moins, c'est que Midleton a su remettre le whiskey irlandais sur le devant de la scène. Tout commence au XIXe siècle quand les frères Murphy installent leur distillerie au milieu de plaines fertiles propices à la culture de grains de haute qualité et de sources d'eau généreuses.

Rapidement, celle-ci prospère grâce au talent d'entrepreneurs des deux frères passionnés. Comme d'autres, elle participe à la structuration du groupe Irish Distillers pour accroître les possibilités de développement du whiskey irlandais. Aujourd'hui reconnue pour son art de la distillation, de la maturation et de l'assemblage, et après de grands travaux de rénovation et d'agrandissement, Midleton est devenue incontournable.

La gamme des single pot stills chère à la société Irish Distillers a été créée afin de valoriser un style de whiskey caractéristique de l'Irlande aux marqueurs fruités, herbacés et épicés caractéristiques. Puisque les pot still whiskeys d'Irish Distillers - Redbreast, Green Spot, Yellow Spot et certaines cuvées de Midleton et de Power's - sont produits entièrement au sein de la même distillerie, on peut les appeler des « single » au même titre que les single malts en provenance d'une seule et même distillerie en Écosse.

Cette distillerie aux dimensions gargantuesques a une capacité de production de plus d'une trentaine de millions de litres d'alcool pur par an (LAP), et grâce à de nouveaux investissements, elle devrait doubler prochainement cette capacité pour atteindre 64 millions de LAP (22 en pure pot still, et 42 en grain). C'est aussi un véritable laboratoire du whiskey irlandais, puisqu'une bonne quinzaine de références y sont produites, dont le fameux Jameson. De plus, Irish Distillers, a qui elle appartient, a monté une véritable académie du whiskey, ouvertes à tous, amateurs, curieux, ou nouveaux arrivants dans la profession voulant lancer leur propre distillerie. Une démarche qui dépasse la notion de concurrence et vise à garantir et promouvoir un « irish » de qualité.

DISTILLERIES DE COOLEY & KILBEGGAN

En 1987, John Teeling, un entrepreneur irlandais diplômé de Harvard, rachète avec deux associés une ancienne distillerie d'alcool industriel qu'il transforme en distillerie de malt et de grain.

1988 Cooley acquiert la bâtisse de l'ancienne distillerie John Locke's de Kilbeggan.
En 1992 Cooley lance le single malt Locke's. La production reprend en 1995 et le single malt irlandais tourbé Connemara est lancé en 1996. À l'instar de ses consœurs, Cooley produit une multitude d'autres marques d'irish whiskey dont Inishowen, Locke's et Millar..
Autrefois connue sous le nom de Brusna, puis rebaptisée Locke's Distillery, la distillerie de Kilbeggan aurait été fondée dès 1757. Lorsque John Locke en prend le contrôle en 1843, il en augmente considérablement la capacité. En 1947, ses directeurs la mettent en vente. Touchée de plein fouet par la récession économique, elle sera fermée en 1957 mais renaît de ses cendres en 2007, après 50 ans d'un profond sommeil.

TULLAMORE DEW DISTILLERY

Cette ancienne distillerie emblématique (1829-1954), qui a été la première à utiliser un coffey still en 1948 pour produire son blend et qui élaborera la fameuse liqueur « Irish Mist » va bientôt renaître de ses cendres grâce à la compagnie écossaise William Grant & Sons. En attendant, le blend est actuellement vendu est fabriqué à Midleton, tandis que son single malt est produit à Cooley : la solidarité irlandaise.

LES USA, LE CANADA ET LES MICRO-DISTILLERIES

Le continent américain est en effervescence : le bourbon ne s'est jamais aussi bien porté, le Canada redore son blason avec ses whiskies premium et les micro-distilleries pullulent.

DRY FLY DISTILLING
Portland
CLEAR CREEK
EDGEFIELD
ROGUE SPIRITS
OREGON
DOMAINE CHARBAY
SAINT GEORGE SPIRITS
San Francisco
ANCHOR DISTILLING CIE
HOLLYWOOD
CALIFORNIE
Océan Pacifique
Los Angeles
SAINT JAMES SPIRITS
PEACH STREET DISTILLERS
STRANAHAN'S
Denver
COLORADO
MEXIQUE
KENTUCKY
BERNHEIM - HEAVEN HILL
EARLY TIMES
MCLAIN & KYNE
STITZEL WELLER
WOODFORD RESERVE
OLD CROW
ASTOR
BARTON
BELMONT
TOM MOORE
BUFFALO TRACE
Louisville
Frankfort
JIM BEAM
Clermont
Bardstown
Versailles
Lawrenceburg
Loretto
MAKER'S MARK
FOUR ROSES
WILD TURKEY

CANADA
NEW YORK
MASSACHUSETTS
TUTHILLTOWN
Boston
TRIPLE EIGHT
DAD'S HAT
NEW YORK
DISTILLING
New York
WOODSTONE CREEK
Chicago
IOWA
INDIANA
Cincinnati
OHIO
Washington
MAJESTIC
MARYLAND
Indianapolis
St Louis
MGP
McCORMICK
Charleston
A.SMITH
BOWMAN
COPPER FOX
Frankfort
Norfolk
VIRGINIE
KENTUCKY
MISSOURI
Tullahoma
GEORGE
DICKELS
JACK DANIELS
Lynchburg
TENNESSEE
Océan
Atlantique
Golfe du Mexique

LE WHISKEY AMÉRICAIN

Si le bourbon demeure le whiskey américain par excellence et le Kentucky son fief, de nombreuses distilleries sont récemment venues bousculer cette situation de quasi-monopole et offrent une alternative au « roi bourbon » américain.

L'ÉLABORATION

Si le bourbon est élaboré principalement à partir de maïs, au XVIIIe siècle, son ancêtre, le monongahela, était distillé en Pennsylvanie, exclusivement à base de seigle (*rye*). Ce style de whiskey subsiste au sein d'une microdistillerie, Anchor Distilling, située près de San Francisco en Californie. Elle élabore un whiskey à partir de 100 % de seigle malté, connu sous le nom de Old Potrero.

LES CÉRÉALES : LA RÈGLE DE TROIS

La plupart des whiskeys américains sont élaborés à partir d'un mélange (mashbill) de trois céréales : maïs, seigle, orge maltée. La céréale principale représente au minimum 51 % du mélange, tels le maïs pour le bourbon et le seigle pour le *rye whiskey*. Pour le maïs, au-delà de 80 %, on parlera de *corn whiskey*. Les autres céréales sont appelées *small grains*. C'est la proportion de small grains qui détermine en partie le caractère du futur whiskey. Plus elle est importante et plus le whiskey sera riche et aromatique. La distillerie Maker's Mark emploie à la place du seigle, du blé d'hiver, qui véhicule des notes florales.

L'EAU : SOURCE DE DOUCEUR

Le Kentucky possède d'importantes réserves d'eau. D'une grande pureté, elle est peu chargée en fer grâce à une filtration naturelle à travers des sédiments calcaires omniprésents. Ces conditions renforcent le caractère doux et moelleux des whiskeys. L'eau intervient également au moment du brassage. Au cours de cette étape, le maïs, broyé en une farine grossière, est cuit à haute pression dans une cuve en acier inoxydable remplie à moitié d'eau afin de libérer l'amidon qu'il contient. Lorsque la température du moût redescend à 70 °C, les small grains sont incorporés dans la cuve de brassage. D'abord le seigle et le blé, que l'on cuit. Puis, après refroidissement, on rajoute l'orge qui va jouer le rôle de catalyseur pour la fermentation. Enfin, la nature de l'eau facilite

l'action des levures lors de la fermentation et permet au whiskey d'acquérir des saveurs fruitées (agrumes) et florales.

LA DISTILLATION : L'IMPORTANCE DU DEGRÉ

Le *white dog*, l'équivalent du new spirit, résulte d'une double distillation, la première, en continu dans un alambic patent still à colonnes, la seconde, dans un alambic pot still baptisé *doubler* ou *thumper*. Le cœur de chauffe est prélevé entre 80 % et 60 % vol. (il ne peut être distillé au-delà de 80 % vol). Plus le degré est bas, plus le whiskey est marqué par des arômes liés aux céréales et à la fermentation. Lorsque le degré approche 80 % vol., le whiskey extrait plus de tannins, de sucre et de vanilline du fût.

LES FÛTS : MADE IN USA

L'étape du vieillissement est déterminante dans le caractère du futur whiskey. Les distilleries ont pour obligation d'employer des fûts de chêne blanc neufs, de petite taille (180 à 200 litres), les *barrels*. Ces fûts subissent, avant utilisation, le *charring*, procédé qui consiste à les brûler de l'intérieur afin de permettre un meilleur échange avec le bois. L'amidon contenu dans le bois se transforme en une fine couche caramélisée qui tapisse l'intérieur du fût. Il existe quatre degrés de charring. Plus le brûlage est élevé et plus l'influence du fût sur le whiskey sera importante. Toutes ces caractéristiques, combinées à une température caniculaire en été, favorisent une maturation rapide et l'apport de notes onctueuses de vanille, de caramel, de toffee ainsi qu'une couleur ambrée naturelle (la loi américaine interdit l'ajout de caramel), la marque de fabrique de l'american whiskey.

QUELQUES DÉFINITIONS ESSENTIELLES

STRAIGHT WHISKEY :

Le straight whiskey est un alcool de grain élaboré à partir d'au moins 51 % d'une seule et même céréale (sauf pour le corn), le reste résultant d'un mélange d'autres grains.

Le straight whiskey est distillé à un degré ne dépassant pas 80 %, puis mis en fûts de chêne neufs préalablement brûlés, à un degré qui ne dépasse pas 62,5 %. Il doit être élevé pour un minimum de deux ans et mis en bouteille à 40 % minimum. Voici les différentes sous-catégories de straight whiskeys :

- Le straight bourbon : élaboré à partir d'un mélange de céréales contenant au moins 51 % de maïs.
- Le straight rye : au minimum 51 % de seigle parmi le mélange de céréales.
- Le straight corn : au minimum 80 % de maïs.
- Le straight tennessee : le minimum de 51 % de maïs n'est pas une obligation.

SOUR MASH WHISKEY :

La technique du *sour mash* – moût aigre – permet d'obtenir une continuité d'un batch de production à un autre. En incorporant une part du résidu liquide du lot de la première distillation dans le prochain batch de fermentation, le lien « génétique » est créé d'un batch à un autre. Il permet aussi de prévenir les infections bactériennes. Le sour mash est en fait l'ADN du whiskey. Cette méthode est utilisée pour tous les straight bourbon, rye et tennessee whiskeys.

LES RÉGIONS DE PRODUCTION

Les quinze dernières années ont vu une recrudescence du nombre de micro-distilleries établies sur l'ensemble du territoire : en Oregon, la distillerie Clear Creek (McCarthy's), à proximité de San Francisco, Anchor Distillery (Old Potrero), ou plus récemment New York qui accueille la distillerie Tuthilltown (Hudson). Le Kentucky demeure cependant indétrônable. Mais un autre état, celui du Tennessee, qui a la particularité d'être un état sec, lui vole régulièrement la vedette, notamment grâce à la renommée internationale dont jouit l'une de ses distilleries : Jack Daniel's.

KENTUCKY

Le Kentucky demeure la région de prédilection du bourbon américain. à l'instar du Speyside en Écosse, le Kentucky possède son « triangle

d'or » avec pour limites géographiques les villes de Bardstown, de Frankfort et de Louisville. Une petite dizaine de distilleries produit une variété considérable de bourbons et de ryes. Parmi les plus importantes, Heaven Hill, Buffalo Trace, Jim Beam, Maker's Mark, Woodford Reserve et Wild Turkey.

Buffalo Trace

Construite à proximité de la rivière Kentucky, sur la voie autrefois empruntée par les buffles lors des transhumances, la distillerie Buffalo Trace trouverait ses origines dans le premier campement installé durant le XVIIIe siècle. Le destin de cette distillerie peut être retracé à travers les marques de bourbon qu'elle propose. Ses bourbons portent le nom des hommes qui, à un moment ou à un autre, en prirent le contrôle. L'un des premiers fut le colonel Benjamin Blanton, suivi quelques années plus tard d'Edmund Haynes Taylor Jr. Ce dernier, acculé financièrement suite à la crise économique de 1884, fit appel à son ami G.T. Stagg afin d'obtenir un soutien financier. En 1897, Albert Blanton, alors âgé de 16 ans, fils de Benjamin Blanton, fut employé en tant que secrétaire et en deviendra finalement le propriétaire à ses 40 ans. Lorsque la distillerie est menacée de fermeture au moment de la prohibition, Albert Blanton fait en sorte d'obtenir une licence de production et de mise en bouteilles d'alcool à but médical. Avec le rappel de la prohibition, la distillerie est louée à Schenley Industries, mais Albert Blanton en reste le manager. Devenue Ancient Age Distillery en 1969, la distillerie, victime de la baisse de la consommation de whisky, sera vendue en 1972. En 1992, une scission s'opère, la société Ancient Age est vendue au groupe japonais Takara Shuzo, tandis que la distillerie est rachetée par la société Sazerac, qui la rebaptisera en 2001 Buffalo Trace.

Heaven Hill

Inauguré en 2004, le centre d'accueil des visiteurs d'Heaven Hill, véritable musée du whiskey, se situe à Bardstown, capitale du bourbon. Pourtant, tous les whiskeys de cette distillerie sont produits à Louisville au sein d'une autre distillerie connue sous le nom de Bernheim. Cela mérite une petite explication. Dans la nuit du 7 novembre 1996, Heaven Hill fut victime d'un terrible incendie. En quelques heures près de 2 % des réserves de bourbon du Kentucky s'envolèrent en fumée. Au total, sept chais furent détruits, soit 90 000 fûts de bourbon en cours de maturation. Le cours d'eau qui jouxtait les bâtiments était en feu sur plus de 3 km en aval de l'incendie… Un véritable désastre. Cela ne découragea pas l'actuel propriétaire, Max Shapira, qui, au printemps 1999, racheta à Diageo la distillerie moderne de Bernheim inaugurée en 1992.

Fondée au sortir de la prohibition par les frères Shapira, Heaven Hill devint célèbre en 1957 grâce à un bourbon rendant hommage au premier distillateur du Kentucky, Evan Williams. Depuis, Heaven Hill a créé des marques à la mémoire de toutes les gloires du whiskey, telles Elijah Craig, J.T.S. Brown ou Henry McKenna.

Heaven Hill propose la gamme la plus extensive de whiskeys américains, toutes variétés confondues. Elle est ainsi capable de produire des straight bourbons allant du plus jeune au plus âgé, de faire revivre le rye whiskey qui était en voie de disparition, de redonner ses lettres de noblesse au corn whiskey et de créer de nouvelles qualités, le wheat whiskey.

Elle est aujourd'hui la première distillerie indépendante des États-Unis et le second producteur derrière le mastodonte Jim Beam.

TENNESSEE

Un autre état, le Tennessee, a la particularité d'être un « *dry state* » que l'on pourrait traduire par « état sec » en français, c'est-à-dire qui restreint la production, la consommation, l'importation, la distribution et la vente d'alcool. Paradoxalement, le Tennessee est reconnu en matière de whiskey grâce à la renommée internationale dont jouit l'une des distilleries de l'état : Jack Daniel's.
Le Tennessee abrite également une autre distillerie au passé tout aussi passionnant : Georges Dickel.

Jack Daniel's

Jasper Newton « Jack » Daniel est né le 5 septembre 1850 (mais certains biographes penchent plutôt pour septembre 1846). Très précoce, Jack Daniel aurait racheté la distillerie de son ancien patron à l'âge de treize ans ! Même si ces dates sont sujettes à controverse, Jack Daniel, contrairement à certaines rumeurs, est tout sauf une légende. Cet homme aux célèbres moustaches, petit par la taille était en revanche immense par le talent. Véritable visionnaire, il fut l'un des précurseurs du marketing moderne. Il avait compris avant tout le monde la force d'une marque. C'est sans doute la raison pour laquelle plus d'un siècle après son lancement, le fameux Old N°7 est l'american whiskey le plus vendu sur la planète. Lorsqu'en 1911 Jack Daniel s'éteint, c'est son neveu, Lem Motlow, qui lui succède à la tête de la distillerie. Durant la prohibition, il s'exile à Saint Louis (Missouri) où il établit une nouvelle distillerie. Puis en 1938, Lem Motlow relance le site de Lynchburg et trois ans plus tard, l'appellation « tennessee whiskey » est officiellement reconnue.

George Dickel

Tout comme Jack Daniel's, la marque de tennessee whiskey George Dickel tire son nom d'une figure historique : un marchand de la ville de Nashville. Cet entrepreneur achète en 1884 des parts dans la distillerie de Cascade Hollow, fondée en 1877, pour produire la marque de whiskey Cascade. Fermé pendant la prohibition, le site fut reconstruit en 1958, et les premières bouteilles de George Dickel - nouvelle marque créée en l'honneur du fondateur - vendues en 1964. Suite à de nombreux rachats, la marque tombe entre les mains de Diageo, son propriétaire actuel.

Comme Jack Daniel's, George Dickel Tennessee Whisky est filtré à travers une épaisse couche de charbon. La singularité de George Dickel réside dans le fait que le distillat est refroidi avant d'être filtré, permettant ainsi de produire un whiskey encore plus doux.

Le seul whisky (George Dickel l'écrit sans «e», convaincu déjà que son produit est l'égal des meilleurs whiskies écossais) de la marque à ne pas être produit à la distillerie du même nom, est le George Dickel Rye : actuellement produit dans l'état d'Indiana, ce whiskey de seigle n'est donc pas un tennessee.

LE CANADA

Le whisky canadien reste encore bien méconnu sur le vieux continent. Peut-être parce qu'il a vécu à l'ombre de son voisin américain et de sa star, le bourbon.

Dès le début du XIXe siècle, le whisky devient très populaire au Canada. La distillation est le fait de fermiers et le sud-ouest du pays est un véritable grenier à céréales. Un phénomène qui n'a cessé depuis de prendre de l'ampleur.

Dans les années 1860, les distilleries américaines ayant arrêté leur production durant la guerre de Sécession, les américains se tournent vers leurs voisins canadiens pour se fournir en whisky : en 1865 le whisky canadien est ainsi le whisky le plus vendu sur le sol américain rappelle Davin de Kergommeaux, le spécialiste le plus éminent en la matière. Avec la prohibition (1920-1933), la relation qu'entretiennent les américains avec le whisky canadien ne fait que s'affirmer et les distillateurs canadiens en profitent, car même si leur pays impose lui aussi des restrictions, il n'en interdit pas l'exportation. C'est également au Canada que se sont forgés deux grands noms du monde du whisky « moderne » : Hiram Walker et Joseph E. Seagram, qui sont à l'origine de véritables empires, et dont les marques sont aujourd'hui tombées dans les escarcelles d'autres grandes institutions du monde des spiritueux comme Pernod Ricard et Beam Suntory.

Hiram Walker (à ne pas confondre avec Johnnie), un négociant en céréales, fonde dans l'Ontario, juste à côté de la frontière américaine, la distillerie devenue la plus ancienne du Canada. Il est le père d'un des whiskies canadiens les plus emblématiques : Canadian Club. Cet empire s'étendra par-delà l'Atlantique puisque dans les années 1970, il se portera acquéreur de distilleries écossaises réputées comme Ardbeg et Balblair.

Joseph E. Seagram est lui aussi un entrepreneur audacieux : en 1883 il rachète la distillerie qui l'emploie et améliore la recette du whisky qu'on y produit. Ses whiskies, notamment le Seagram 83, remportent un vif succès et, dès les années 1890, ses exportations vers les États-Unis se développeront de manière significative. En 1917, il élabore un autre whisky, le Seagram's VO (pour Very Own) qui rencontre un franc succès. Ce whisky est aujourd'hui encore l'un des whiskies canadiens les plus populaires. Cette référence sera le porte-étendard de la compagnie. Mais c'est sous l'ère d'un autre « baron » du whisky que Seagram & Sons prendra une dimension planétaire : Samuel Bronfman, qui est déjà à la tête d'une compagnie ayant pour partenaire écossais la toute puissante Distillers Company Ltd. Il rachète aux héritiers Seagram leur société en 1928, tout en conservant le nom original. Seagram devient le géant que l'on connait, avec dans son portefeuille des références telle que Crown Royal (un autre grand nom du whisky canadien) et surtout l'écossais Chivas.

Fort de son histoire, le whisky canadien a son identité et des recettes qui lui sont spécifiques : sur les étiquettes, on peut d'ailleurs lire « *canadian whisky* » (et non « whiskey », il n'y a pas de « e » comme son voisin américain). Pour le marché américain - c'est encore aujourd'hui la catégorie de whisky la plus vendue ! -, la mention « blended » doit être ajoutée. Quant à sa définition, elle pourrait s'apparenter aux blends écossais, à quelques nuances près. Ainsi, on distingue deux catégories de whiskies servant de composantes au produit final. D'abord un whisky de base, issu principalement de maïs et distillé *via* un alambic à colonne, titrant généralement 92 %-94 % d'alcool. Et un whisky « aromatique », issu notamment de seigle ou d'orge, distillé *via* des alambics à repasse, pouvant être vieilli en fûts neufs et/ou en fûts usagés. Les deux étant assemblés après avoir vieilli chacun de leur côté.

L'élaboration de ces blends évolue vers le milieu du XIXe siècle, lorsque les maîtres-assembleurs, qui ont associé des whiskies vieillis en fûts neufs à d'autres vieillis en fûts réutilisés, constatent que ces derniers apportent des arômes complémentaires, tout en laissant au whisky un goût plus léger. Aujourd'hui encore, c'est ce qui caractérise le whisky canadien : un goût léger mais des arômes marqués. Si en Écosse, un blend est constitué de whiskies provenant de différentes distilleries (à de très rares exceptions près), au Canada, tout est élaboré au sein d'une même distillerie, définissant ainsi l'identité d'une marque. De plus, l'assemblage peut également intervenir avant la mise en fûts.

Le rye canadien a aussi sa propre identité. Aux États-Unis, la mention « straight rye» implique 51 % de seigle dans le mélange de céréales qui sert à son élaboration. Au Canada, dès lors que le seigle est présent (même en faible quantité) dans la composition principalement réalisée à base de maïs, il peut s'appeler « *rye whisky* ». Au début du XIXe siècle la matière première pour le whisky canadien était le blé, on s'est rendu compte par la suite que l'apport de seigle, même en faible quantité, enrichissait le goût du whisky. Dès lors que ce mélange fut adopté, il fut synonyme de whisky de qualité au point de devenir la véritable marque de fabrique du whisky canadien. Cette céréale s'avère également très résistante au froid et peut pousser sur des sols pauvres. Plus tard encore, le maïs remplace le blé car son rendement en alcool est bien plus élevé.

Aujourd'hui, on assiste à un renouveau du whisky canadien, avec l'élaboration de whiskies « premium », haut de gamme, au caractère plus marqué, ainsi que des whiskies issus à 100 % de seigle. Ceci est dû à l'impulsion et la ténacité d'un homme, John Hall. Ce vigneron fonde en 1992 la distillerie Forty Creek, près du lac Ontario et des chutes du Niagara et aborde l'élaboration de son whisky de la même manière que celle d'un vin : en rassemblant après plusieurs années de vieillissement des whiskies issus chacun de céréales différentes, et en attachant un soin particulier au choix des fûts et à leur bousinage. Après un travail de plusieurs années, le succès est au rendez-vous pour le whisky Forty Creek, y compris sur le marché américain. Il suscite d'ailleurs l'intérêt du groupe Campari puisque ce dernier rachète à John Hall sa distillerie en mars 2014.

Les distilleries de single malt aussi se développent depuis ces dernières années. Là encore, un pionnier a montré la voie : la distillerie Glenora en Nouvelle-Écosse. Ici aussi la persévérance fut de mise, mais pour une toute autre raison *(voir encadré par ailleurs)*...

GLENORA

Fondée en 1990, cette distillerie est la première à produire un whisky de malt au Canada. En novembre 2000, le premier embouteillage est lancé sous le nom de « Glen Breton » sur le marché et… les ennuis commencent, car la Scotch Whisky Association (SWA), qui régit la réglementation du whisky écossais et qui veille à en défendre l'image, considère que ce nom peut induire en erreur le consommateur sur l'origine du whisky. Le mot « glen » (qui veut dire « vallée » en gaélique) se retrouvant souvent en effet dans le nom de whiskies écossais. Une longue bataille juridique s'ensuit et voit son épilogue 10 ans plus tard, avec la victoire de la distillerie Glenora. Pour information, cette distillerie se situe à Glenville, dans le comté d'Inverness, en Nouvelle-Écosse. Si on avait suivi le raisonnement de la SWA, il aurait donc fallu revoir toute une appellation géographique ! D'ailleurs, pour fêter l'évènement, la distillerie sort en 2010 un 15 ans d'âge du nom de « Battle of the Glen ».
La distillerie se distingue également par l'originalité de certains de ses whiskies, notamment le Glen Breton rare Ice, affiné en fût de vin de glace.

LES MICRO-DISTILLERIES

Véritable phénomène, les micro-distilleries ne cessent de se développer depuis le début du XXIe siècle, à travers le monde, notamment en Europe. La distillation d'alcool était traditionnellement réalisée dans des petites structures souvent fermières jusqu'à ce que cette activité prenne sa dimension industrielle. Le même phénomène s'est d'ailleurs reproduit aux États-Unis, dans des proportions relatives à l'échelle de ce pays, et a été ravivé à l'occasion d'un épisode historique qui a bouleversé le monde des spiritueux US. Avant la prohibition, on comptait environ 5 000 distilleries sur le territoire américain dont beaucoup dispararurent à cause du célèbre « Volstead Act » qui a sévit de 1920 à 1933. Les séquelles de cette loi persistent de nos jours dans plusieurs états. Il faut finalement attendre 1979 et une loi signée par le président Jimmy Carter, ouvrant la porte à la libéralisation de la production de la bière artisanale pour voir essaimer les micro-brasseries. Du brassage à la distillation, il n'y a qu'un pas que certains ont commencé à franchir dès le début des années 1980, comme Jorg Rupf, un immigré allemand, qui fonde en 1982 la distillerie St George (à ne pas confondre avec l'anglaise) à Alameda, en Californie. Mais le phénomène reste circonscrit et ne se développe de manière significative qu'une vingtaine d'années plus tard. De nouveaux outils, comme Internet, facilitent les contacts et les échanges d'informations et de conseils entre les néo-distillateurs et les plus expérimentés. On compte aujourd'hui plus de 500 micro-distilleries à travers les États-Unis, indique Andrew Faulkner, journaliste et vice-président de l'American Distilling Institute : l'ADI est une organisation dont le but est de promouvoir et de défendre la distillation artisanale à travers des programmes de développement économique, de recherche et d'éducation, elle compte un millier d'adhérents. On n'y distille pas seulement du whiskey mais aussi d'autres spiritueux, comme de la vodka ou du gin. Elles sont aussi le terrain de toutes les expérimentations et les innovations y sont nombreuses, au niveau des recettes de mélange des céréales, par exemple, on y redécouvre l'épeautre ou l'avoine, déjà utilisées en Grande-Bretagne, à l'aube de l'his-

toire du whisky, des levures utilisées, des alambics ou encore des fûts (chêne local, ou ayant contenu des vins du cru). Lors du fumage de l'orge, la tourbe est parfois remplacée par des bois divers, ou même par des plantes. Ces innovations sont toujours réalisées dans un souci d'« authenticité », mais certains résultats peuvent s'avérer… surprenants, dans tous les sens du terme.
Compte-tenu de leur taille, il ne s'agit pas, pour ces producteurs d'un nouveau genre, d'avoir des ambitions de conquête internationale, ou de rivaliser avec les grands groupes. Il s'agit d'un marché de niche où les amateurs trouvent leur compte en consommant un produit local, fait avec les ressources régionales et réalisé par des entrepreneurs-artisans. Les micro-distilleries sont-elles le whisky de l'avenir ou l'avenir du whisky ?

Voici quelques micro-distilleries qui ont déjà fait parler d'elles :
- **Anchor Brewing & Distilling** (San Francisco, Californie) : c'est en 1993 que son fondateur, Fritz Maytag, décide d'installer des alambics au sein de la brasserie Anchor dont il est propriétaire, son whiskey vedette, Old Portrero est élaboré à base de seigle malté et distillé *via* des alambics à repasse, renouant avec le style du whiskey américain des origines.
- **Clear Creek** (Portland, Oregon) : Steve Mc Carthy, distillait des alcools de fruits depuis 1985 dans sa distillerie, avant de commencer à produire du whiskey de manière novatrice puisqu'il est à l'origine de l'un des premiers single malt américain. Ce dernier a une particularité supplémentaire puisqu'il est tourbé. Son Mc Carthy's Whiskey a été le premier grand succès du genre.
- **Dry Fly Distilling** (Spokane, Washington) : créée en 2007, la distillerie est particulièrement représentative de cette catégorie. Première micro-distillerie à avoir ouvert dans l'état de Washington depuis la prohibition, elle contrôle tous les aspects de sa production, de la culture de la céréale à l'embouteillage, et est animée par une farouche volonté d'innovation. Celle-ci se manifeste notamment au travers des céréales utilisées, comme le triticale, plante hybride issue du seigle et du blé.
- **Tuthilltown Spirits** (Gardiner, New York) : elle a été la première depuis la prohibition à ouvrir dans son état, en 2003. Ferme-distillerie se trouvant au milieu des terres qui lui fournissent les céréales nécessaires à sa production, elle propose une gamme très variée de whiskeys, issus de seigle, de maïs (à 100 %), du bourbon mais aussi un « single malt whiskey ». L'un de ses co-fondateurs, Ralph Erenzo, est l'une des personnalités du monde des micro-distilleries et il n'hésite pas à épauler les nouveaux venus dans ce petit monde. La qualité des whiskeys de Tuthilltown a séduit le groupe écossais William Grant & Sons (Glenfiddich, The Balvenie), puisqu'il a racheté leur portefeuille en 2010 tout en laissant son autonomie à la distillerie.
- **Corsair Artisan** (Bowling Green, Kentucky et Nashville, Tennessee) : originaires du Tennessee, ses deux co-fondateurs ne pouvaient y établir une distillerie puisque la législation de cet état les en empêchait. Qu'à cela ne tienne, ils en créent une de l'autre côté de la frontière, au Kentucky, nous sommes en 2008. Deux ans plus tard, la réglementation du Tennessee s'assouplie et nos deux compères retournent sur leur terre d'origine pour fonder leur deuxième distillerie. Corsair Artisan est un lieu où expérimentations et innovations sont constantes, notamment avec un whiskey issu d'orge maltée et de quinoa, ou encore son « triple smoke single malt whiskey », issus d'orge maltée fumée de trois manières différentes (bois de cerisier, tourbe et hêtre).

LE JAPON

DÉFINITION : « **LE WHISKY JAPONAIS** EST ÉLABORÉ À PARTIR DE LA DISTILLATION D'UN MOÛT ISSU DE LA FERMENTATION DE CÉRÉALES ET DONT LE NIVEAU D'ALCOOL AU TERME DE LA DISTILLATION NE DÉPASSE PAS 95 % D'ALCOOL... »

LE WHISKY JAPONAIS A SU EMPRUNTER
À SON LOINTAIN COUSIN ÉCOSSAIS
LE MEILLEUR DE SON PROCÉDÉ D'ÉLABORATION
TOUT EN POUSSANT L'EXIGENCE DE QUALITÉ
À SON PAROXYSME, AU POINT DE RÉCOLTER DE
NOMBREUSES RÉCOMPENSES DANS LES CONCOURS
INTERNATIONAUX CES DERNIÈRES ANNÉES.

HOKKAIDO
Sapporo
YOICHI
Mer du Japon
MIYAGIKYO
Sendai
HONSHU
HANYU
KARUIZAWA
CHICHIBU
SHINSHU
HAKUSHU
Tokyo
MONDE
KAWAZAKI
FUJI-GOTEMBA
YAMAZAKI
Kyoto
Osaka
WHITE OAK
CHITA
Océan Pacifique
SHIKOKU
Nagasaki
KYUSHU
KAGOSHIMA

QUELQUES DÉFINITIONS ESSENTIELLES

SINGLE MALT

Si la production au Japon de single malt, single grain, blends et blended malts s'est d'abord inspirée indéniablement du modèle écossais, les single malts japonais possèdent un style à part entière. Ainsi, les distilleries nippones les plus réputées élaborent un grand nombre de whiskies à forte personnalité qui rivalisent avec les plus grands whiskies écossais. Le climat tempéré, la pureté de l'eau, notamment sur l'île d'Hokkaido, sans oublier la compétence des distillateurs japonais et leur souci du détail, sont autant de facteurs essentiels qui expliquent la qualité de ces single malts dont l'orge provient majoritairement d'Écosse.

PURE MALT

Le pure malt est le nom donné communément aux blended malts japonais, c'est-à-dire un assemblage de malts de différentes distilleries. En raison du nombre restreint de distilleries au sein de l'archipel, les Japonais incorporaient auparavant dans une partie de leurs purs malts un certain pourcentage de single malts écossais. Cette pratique, qui ne concernait que les whiskies d'assemblage, était facilitée par le fait que Nikka possède depuis 1989 une distillerie de malt écossaise, Ben Nevis, et Suntory les distilleries de Auchentoshan, Bowmore et Glen Garioch depuis 1994. Ainsi le Nikka Pure Malt White, vatted malt très tourbé, était, jusqu'à il y a quelques années, un mélange de single malts Yoichi et de single malts de l'île d'Islay. Depuis l'explosion du succès du whisky japonais en Europe, toutes les versions vendues sur le vieux continent par les maisons Nikka et Suntory revendiquent leurs origines 100 % japonaises.

LES PRODUCTEURS JAPONAIS DOIVENT, POUR PRODUIRE LEURS BLENDS, ÊTRE AUTOSUFFISANTS. AINSI, LES BLENDS DU GROUPE NIKKA, À L'INSTAR DE CEUX DE SUNTORY, SONT ESSENTIELLEMENT ÉLABORÉS À PARTIR DE WHISKIES DE MALT ET DE WHISKIES DE GRAIN DISTILLÉS ET VIEILLIS PAR LES DISTILLERIES APPARTENANT AUX GROUPES RESPECTIFS. DE PLUS, CHACUNE CULTIVE SES PROPRES LEVURES. LA PLUPART POSSÈDE LEURS PROPRES TONNELLERIES. IL N'Y A PAS DE MINIMUM D'ANNÉES DE VIEILLISSEMENT POUR L'APPELLATION « WHISKY ». EN REVANCHE, POUR TOUT CE QUI SORT DE SES FRONTIÈRES, ON ADOPTE LA RÉGLEMENTATION ÉCOSSAISE, À SAVOIR LE VIEILLISSEMENT MINIMUM DE TROIS ANS.

BLEND

Si les single malts se distinguent par le soin apporté à la sélection, les blends japonais ne sont pas en reste. Fidèles à la tradition du blended scotch, ils contiennent un pourcentage élevé de malts. Les meilleurs d'entre eux, notamment Nikka from the Barrel, comportent autour de 40 % de malt. D'autre part, une grande partie du whisky de grain est toujours élaborée à partir de maïs. En Écosse, le maïs a été progressivement remplacé par le blé. Les Japonais seraient-ils plus attachés aux traditions écossaises que les Écossais eux-mêmes ? Néanmoins, les producteurs de whisky japonais n'hésitent pas à innover. Au final, les blends japonais se révèlent légers et élégants, mais ne manquent pas pour autant de caractère. Hibiki, de la maison Suntory, en est le parfait exemple, l'élégance de son flacon est le reflet de son contenu et ce n'est pas un hasard s'il remporte régulièrement les meilleures récompenses ces dernières années, et ce dans des versions d'âge différents. Ainsi, Hibiki 30 ans - *hibiki* signifie « résonnance » en japonais, tout un programme - a été sacré meilleur blend au monde en 2007 et 2008, Hibiki 21 ans en 2010 et 2013. Pour ceux qui sont fâchés avec les blends, les japonais sont de belles occasions de réconciliation. Oscillant entre tradition et modernité, l'industrie du whisky est le reflet de la société japonaise.

LE CHÊNE MIZUNARA

Pendant la Seconde Guerre mondiale, alors qu'il était impossible de s'approvisionner en fûts américains, les Japonais se sont mis à concevoir eux-mêmes leur tonnellerie à partir d'une variété de chêne locale, le *Quercus mongolica* appelé en japonais « *mizunara* ». Prélevé des forêts d'Hokkaido et de Tohoku, ce chêne confère au whisky japonais des arômes bien particuliers qui renforcent son côté unique. Bien qu'il ne soit utilisé qu'à hauteur de 10 % des fûts dans lesquels sont vieillis les whiskies japonais (la grande majorité des fûts provenant aujourd'hui des États-Unis), l'impact du mizunara sur ces derniers n'est plus à démontrer. Sceau identitaire du pays du Soleil Levant, l'utilisation de ces fûts devient même un critère de choix pour les amateurs de malts nippons. Certaines versions vieillies ou affinées au contact de ce bois sont d'ailleurs de véritables chefs-d'œuvre. Ce chêne n'est pas seulement prisé par les distilleries mais également par les ébénistes, et l'attribution de ce bois fait l'objet de ventes aux enchères qui se tiennent principalement à Hokkaido, où les fûts sont ensuite fabriqués. Quand on sait que le volume de bois exploitable pour ses diverses utilisations est limité (le tronc est plus tortueux que celui de ses cousins européens ou américains), on peut facilement comprendre que les prix s'envolent et se répercutent sur le produit fini au-delà du fût, donc sur le whisky lui-même. De plus, ce chêne est particulièrement poreux et les « fuites » plus nombreuses. Pour le plus grand bonheur des anges !

LE WHISKY JAPONAIS EN QUELQUES DATES

Les eaux-de-vie occidentales sont arrivées au Japon à la fin du XIXe siècle. L'une des premières incursions du whisky au Pays du Soleil Levant est évoquée avec la venue du commodore Matthew C. Perry, en 1954, qui, chargé d'établir des accords entre les États-Unis et le Japon, avait dans ses malles un fût de whiskey américain destiné à l'Empereur, mais vu le nombre d'intermédiaires, le breuvage n'est sans doute jamais parvenu au souverain.

1871, on voit apparaître les premiers « yoshu » (alcool étrangers) locaux.

1872, la mission d'Iwakura rapporte une caisse de blend « Old Parr »

1888, la Maison Konishi propose du « whisky ». Gisuke Konishi compte parmi ses employés son neveu, un certain Shinjiro Torii (1879-1962)... On produit du « nikyu » (whisky de second ordre), mais le contenu des fûts ne répondait pas forcément à la définition occidentale.

1899, le jeune Shinjiro Torii crée sa propre compagnie : elle propose principalement des vins et sera réputée plus tard pour un vin muté, Akadama.

1916, la compagnie Settsu Shuzo recrute un jeune diplômé de l'université d'Osaka : Masataka Taketsuru. Désireuse de produire un whisky, elle envoie le jeune homme en Écosse, nous sommes en 1918.

Novembre 1920, Taketsuru rentre au Japon bardé de connaissances et accompagné d'une épouse écossaise, Rita. Le pays est en crise et, comprenant que le projet de distillerie de son employeur ne verra jamais le jour, il quitte Settsu Shuzo en 1922.

Entre-temps, en 1921, la compagnie de Torii prend le nom de Kotobukiya (qui deviendra en 1963 Suntory) et son fondateur a lui aussi le projet de bâtir une distillerie japonaise.

Juin 1923, Torii recrute Taketsuru pour bâtir et diriger la nouvelle distillerie. La rencontre de ces deux visionnaires aboutira à la concrétisation de leur rêve : Yamazaki, la première distillerie de whisky japonais voit le jour près d'Osaka. Le premier whisky japonais sortira en **1929**, sous le nom de Shirofuda,« étiquette blanche ». Mais trop lourd (très probablement tourbé) pour les goûts locaux, il ne rencontrera pas de succès.

Mars 1934, Taketsuru quitte Kotobukiya et en juillet, il fonde sa propre compagnie, baptisée Dai Nippon Kaju, « Grande fabrique de jus de fruit du Japon », qui deviendra Nikka en **1952**. En octobre de la même année, il crée sa première distillerie, Yoichi. Il bâtira celle-ci sur l'île d'Hokkaïdo au nord, une situation qui lui semble plus appropriée, un climat plus froid et humide, et qui lui rappelle l'environnement écossais. (Shinjiro Torii avait de son côté choisi le site de Yamazaki car plus proche des grands centres urbains et d'infrastructures importantes).

1937, Kotobukiya lance Kakubin, « bouteille carrée », un whisky plus adapté pour le palais japonais. Aujourd'hui encore, c'est l'une des-marques emblématiques de la maison Suntory.

Octobre 1940, le premier whisky Nikka est lancé.

1969, Taketsuru bâtit sa deuxième distillerie :

Miyagikyo, au nord de l'île de Honshu cette fois-ci. **1973**, c'est au tour de Suntory de fonder sa seconde distillerie : Hakushu, sur Honshu également, dans les « Alpes du Sud » japonaises.

LES LIEUX DE PRODUCTION DU WHISKY JAPONAIS

Deux groupes se partagent l'essentiel de la scène du whisky japonais : le groupe Nikka, créé par Masataka Taketsuru, fondateur des distilleries Yoichi et Miyagikyo et père du whisky japonais, et le géant Suntory, propriétaire de l'historique distillerie Yamakazi et Hakushu, créateur du célèbre blend Hibiki, immortalisé par le film de Sofia Coppola (*Lost in Translation*). À cela, viennent s'ajouter d'autres distilleries, plus modestes et indépendantes, dont certaines font déjà parler d'elles et viennent confirmer la place du whisky nippon parmi les grands pays producteurs du whisky.

SUNTORY

YAMAZAKI

En presque un siècle d'existence, Yamazaki est devenue la parfaite démonstration de l'ancrage du whisky dans la culture nippone. Fondée en 1923, Yamazaki est la plus ancienne distillerie de single malt de l'archipel nippon. Elle a été la toute première distillerie non écossaise à posséder un alambic à repasse en cuivre. Elle distille pour la première fois le 11 novembre 1924. Située entre Osaka et Kyoto, Yamazaki dispose d'un environnement idéal pour la production et l'élevage de ses whiskies : une eau pure, un climat diversifié et une forte humidité. Yamazaki s'est fait connaître pour sa maîtrise totale du vieillissement, notamment en fût de mizunara. Ces fûts, utilisés à un moment où les fûts de xérès se faisaient rares, sont désormais la marque de fabrique du single malt Yamazaki et du blend Hibiki en raison du profil aromatique différent qu'ils confèrent au whisky. Pour sa production, Yamazaki utilise également six types d'orge maltée avec différents niveaux de tourbe, tous en provenance d'Écosse à partir desquels elle produit une variété de malts plus ou moins corpulents. La gamme classique des single malts Yamazaki s'étoffe de single casks millésimés, bruts de fût. Que de chemin parcouru en effet depuis la sortie du blend Shirofuda. Ces dernières années les whiskies japonais occupent le devant de la scène mondiale et Yamazaki en est l'un des principaux acteurs : les versions de 18 et 25 ans sont primées à de nombreuses reprises ; le millésime 1984 qui a été embouteillé à l'occasion du 25e anniversaire du lancement de son premier single malt (en 1984 justement) a été élu meilleur single malt au monde aux World Whiskies Awards de 2011. L'année suivante c'était le tour du Yamazaki 25 ans. Rien ne semble arrêter ce pionnier, qui se remet toujours en question. La salle des alambics est l'une des plus impressionnantes et des plus belles qui soit, ses seize alambics sont de taille et de forme différentes, leur chauffe est directe, c'est-à-dire à feu nu, notamment pour les alambics de première distillation, et/ou indirecte, c'est-à-dire à vapeur. Les cuves de fermentation sont faites de matériaux différents, certaines en bois, d'autres en Inox. Et les réaménagements ne sont pas rares. L'ensemble permet d'aboutir à une multitude de whiskies issus du même site. N'oublions pas que les différentes compagnies n'échangent pas entre

elles, contrairement à l'Écosse, et qu'il y a par ailleurs bien moins de distilleries.
Aujourd'hui la distillerie fonctionne 7 jours sur 7 et ne s'arrête que 3 fois 3 jours, en fin et au début d'année pour l'entretien.

EN 2010, YAMAZAKI ÉTAIT LA HUITIÈME MARQUE DE SINGLE MALT AU MONDE, SUR LA BASE DU MARCHÉ JAPONAIS UNIQUEMENT

HAKUSHU

Située au pied du mont Kaikomagatake, au cœur des Alpes japonaises du Sud, à proximité de la rivière Ojira à l'eau particulièrement pure, cette distillerie dont le nom signifie « banc de sable blanc », créée en 1973 par Keizo Saji, fils du fondateur de Suntory, Shinjiro Torii, est l'une des plus discrètes de l'archipel nippon. Nichée en pleine forêt, la distillerie fut agrandie en 1981 et, pendant quelques années, était la plus grande distillerie de single malt au monde. Avec ses trente-six alambics, elle acquiert une capacité de production de 30 millions de litres d'alcool pur par an. Bénéficiant d'un climat doux, elle y produit un malt rafraîchissant, minéral et végétal avec un accent tourbé tout en équilibre.
Longtemps méconnu en dehors du Japon, Hakushu est maintenant exporté en Europe et aux États-Unis. Son caractère subtil, fin et élégant plaît énormément aux connaisseurs et lui a valu une très bonne réputation, surtout à travers ses versions limitées annuelles, souvent vieillies en fût de xérès et distillées à partir d'orge « heavily peated ». En plus du single malt, la distillerie produit également du single grain - de manière expérimentale seulement depuis 2010 et de manière plus permanente depuis 2014 - ce qui aidera certainement la maison Suntory à développer de nouveaux whiskies pour le futur. Elle fermera partiellement en 2006. À sa réouverture, seuls douze alambics fonctionnaient. Aujourd'hui, avec la demande croissante, la production a augmenté et ce sont 16 alambics qui distillent.

NIKKA

YOICHI

Située à 50 kilomètres à l'ouest de Sapporo sur l'île d'Hokkaido, la distillerie Yoichi ne peut laisser indifférent avec ses murs en pierre et son toit rouge. Elle allie un classicisme à un esthétisme dont seuls les Japonais ont le secret. C'est en 1934 que le fondateur du groupe Nikka fit construire sur l'île autrefois quasi désertique d'Hokkaïdo sa distillerie emblématique.

Yoichi dispose d'une source d'eau souterraine filtrée à travers la tourbe. Elle possède son propre *kiln* (four) surmonté de cheminées en forme de pagode. Ce dernier a cessé de fonctionner au cours des années 1970. Très traditionnelle, ladistillerie maltait autrefois son orge sur place et utilisait de la tourbe des plaines de l'Ishikari. Désormais, elle se fournit en Écosse, l'orge locale, très subventionnée étant onéreuse et de qualité moyenne. En revanche, ses alambics à repasse de première distillation (wash still), sont toujours en partie chauffés à feu nu, alimentés au charbon. Pour la petite histoire, ces alambics sont de même forme que ceux de la distillerie du Speyside, Longmorn, la

première à avoir ouvert ses portes à Taketsuru lors de son apprentissage en terre écossaise. En 2001, c'est un Yoichi 10 ans single cask qui crée la surprise lors du World Whiskies Awards, équivalent des « Oscar », en étant élu « Best of the Best », la consécration ultime. Yoichi récidive en 2008 avec un 20 ans millésime 1987, élu meilleur single malt au monde !
Yoichi possède sa propre tonnellerie et apporte un soin particulier à la sélection des fûts, pour la plupart des *hogsheads* de premier remplissage, confectionnés à partir de fûts de bourbon. La distillerie Yoichi possède d'autres atouts.

MIYAGIKYO

Miyagikyo (qui s'est apelée Sendai jusqu'en 2001), la deuxième distillerie du groupe Nikka, se situe sur l'île d'Honshu, à l'ouest de la ville de Sendai, au nord-est de Tokyo. Bâtie sur les contreforts des collines de la préfecture de Miyagi, au cœur d'une région célèbre pour ses cascades et ses nombreuses sources chaudes, cette distillerie est un véritable havre de paix. Ce site fut choisi après plus de trois ans de recherche par Masataka Taketsuru pour la pureté de son air et de son eau. Le taux d'humidité élevé est idéal pour le vieillessement en fûts. La petite histoire dit que Taketsuru ne connaissait pas le nom de la rivière dont il avait goûté et tant apprécié l'eau avant d'arrêter son choix sur le site qui allait accueillir sa nouvelle distillerie. Il s'avère que ce cours d'eau s'appelle la... Nikkawa (sans rapport avec le nom de la compagnie), un signe du destin, certainement. Le contraste entre cette nature luxuriante et la grande modernité de la distillerie est saisissant. Ici, tout ou presque est contrôlé par ordinateur. Le malt est importé d'Écosse ou d'Australie. Quant aux fûts, ils sont entreposés sur deux étages et non trois car la distillerie se trouve en plein cœur d'une zone sismique. Au final, Miyagikyo produit un alcool riche, fruité aux arômes d'une grande élégance provenant d'alambics de grande taille.
Si Yoichi représente tout ce qu'il y a de plus traditionnel dans l'élaboration des whiskies, Miyagikyo intègre la modernité de cette industrie et son subtil alliage entre tradition et technologie. Un équilibre où excelle le Japon. Certaines salles de la distillerie, avec leurs panneaux de contrôle et leurs nombreux voyants lumineux, évoquent un film de James Bond. Mais l'une des spécificités de cette distillerie sont les deux alambics Coffey, importés d'Ecosse en 1963, et qui permettent une distillation en continu. Initialement installés sur le site de Nishinomiya, plus au sud-ouest de l'île, ils furent déplacés à Sendai en 1999. On y élabore du whisky de grain, de maïs en l'occurrence importé des Etats-Unis, destiné aux blends mais aussi à l'un des embouteillages vedettes de la maison Nikka : le Coffey Grain. Chose non courante, Nikka utilise aussi ces alambics à colonne pour le malt : les embouteillages Coffey Malt et All Malt en sont les résultats.

LES AUTRES WHISKIES JAPONAIS

L'engouement international dont font l'objet les whiskies japonais pousse quelques aficionados à faire renaître de leurs cendres d'anciennes distilleries, disposant toujours de stocks en cours de vieillissement. L'une des personnalités les plus actives de ce renouveau n'est autre qu'Ichiro Akuto, petit-fils du fondateur de la distillerie Hanyu, fermée en 2000, et propriétaire de sa propre distillerie fondée en 2008. Une autre distillerie est devenue mythique pour la qualité de ses single casks : Karuizawa.

CHICHIBU

Créé en 2008, Chichibu est déjà bien connu des amateurs de whiskies japonais, mais aussi des connaisseurs de whisky en général. Chichibu est en passe de devenir le tout premier whisky 100 % japonais, grâce aux efforts de son créateur, Ichiro Akuto. Certaines de ses cuvées à venir sont en effet produites à partir d'orge cultivé dans les environs et vieillies dans des fûts de chêne japonais. Fermenté dans des cuves en mizunara et distillé dans de petits alambics, le liquide recueilli étonne par sa maturité et sa complexité, même à un très jeune âge. On peut difficilement faire plus ar-

tisanal que le travail de cette distillerie : par exemple, le moût de la cuve d'empattage est remué manuellement à l'aide de pales en bois. Les impuretés comme les petits cailloux restants parmi les grains de malt, sont triées avant de passer dans le moulin pour éviter toute détérioration des rouleaux… à la main !
Une autre particularité, inconcevable en Écosse : le coffre à alcool (spirit safe) cadenassé pour des raisons douanières en Grande-Bretagne, est ici ouvert. Le maître distillateur y puise directement l'alcool pour déterminer les différentes coupes (têtes, cœur et queues de distillation). Dans les chais, les vieillissements les plus divers ont cours : outre les traditionnels fûts de bourbon, de sherry et de vins, on trouvera des fûts en chêne mizunara (encore lui), ou qui auront contenu du téquila. En été, la température y atteint 35/39 ° et on y sent alors plus le whisky que le bois !
La distillerie a de belles origines : Ichiro Akuto, le maître des lieux, est le petit-fils d'Isouji Akuto, fondateur et maître distillateur de la distillerie Hanyu, qui a fonctionné de 1946 à 2000. Aujourd'hui fermée, les derniers fûts ont été ramenés à Chichibu et continuent d'y vieillir. Les embouteillages qu'Ichiro a réalisés et notamment la fameuse série « Ichiro's malt cards » s'arrachent à prix d'or.
Issu d'une famille de brasseurs de saké dont la tradition remonte à 1626, ce diplômé de l'université de Tokyo a fait ses gammes dans les distilleries de Karuizawa (une autre distillerie mythique, fermée aujourd'hui et dont il héberge les derniers fûts, toujours à Chichibu) et de Benriach, en Écosse.

KARUIZAWA

La distillerie de Karuizawa fut construite en 1955 dans la ville du même nom, dans la préfecture de Nagano, au cœur des Alpes du Japon. La réputation du whisky japonais en général est très haute, et pourtant Karuizawa est spécialement recherché et apprécié des connaisseurs : il a été récompensé à plusieurs reprises. De la même manière que les whiskies écossais Macallan et Highland Park, c'est un whisky qui doit beaucoup de son caractère et de sa réputation à la variété d'orge utilisée : « Golden Promise » et à un vieillissement en fût de xérès. La production fut arrêtée en 2000, les versions se font de plus en plus rares : seulement quelques fûts, actuellement hébergés dans les chais de la distillerie Chichibu et surveillés par l'équipe d'Ichiro Akuto, sont lancés sur le marché international chaque année, principalement sous forme de fût unique en brut de fût. Certaines versions, véritables collectors qui font rougir leurs confrères écossais, atteignent des prix vertigineux.

MARS

« La persévérance finit toujours par payer », tel devrait être l'adage qui définit la compagnie Hombo Shuzo, propriétaire de la distillerie Mars. En effet, après une première tentative au sud du pays, à Kagoshima dans les années 1950, à vocation d'assemblage, la compagnie établit en 1960 une distillerie à Yamanashi, à l'ouest de Tokyo. Aux commandes, un certain Kiichiro Iwai, qui n'est autre que le premier employeur de Masataka Taketsuru et qui a eu l'occasion d'étudier ses notes ramenées d'Écosse. Naturellement, le whisky produit à Yamanashi l'est donc dans le pur style écossais de l'époque, avec ses notes fumées. Mais faute de succès (l'histoire se répète ? voir Yamazaki plus haut), le site ferme. Aprés un retour temporaire à Kagoshima, le site actuel de Shinshu, préfecture de Nagano, est choisi en 1985 et le whisky qui y est produit a pour nom Komagatake en référence à la chaîne montagneuse voisine. Il a un style plus léger, local. Mais dans les années 1990 la crise économique sévit au Japon. La distillerie ferme ses portes 7 ans plus tard. Depuis 2011, le site a rouvert et la production a repris. Mars propose ainsi aujourd'hui un jeune whisky qui tient toutes ses promesses.

WHITE OAK (AKASHI)

Bien moins connue que ses compatriotes, la petite distillerie d'Akashi, du côté de Kobe (au sud de l'île de Honshu), aurait très bien pu marquer l'histoire du whisky nippon, puisque c'est la première distillerie à avoir obtenu une licence pour distiller du whisky, en 1919 ! Taketsuru était encore en Écosse et Yamazaki ne voyait le jour que 4 ans plus tard. Mais rien ne permet d'affirmer que ce qui sortait de l'alambic était du whisky (dans sa définition réglementaire) et on en sait encore moins sur le type d'alambic utilisé, comme l'explique Monsieur Mikio Hiraishi, son président actuel.

C'est depuis 1961 qu'on y produit du whisky. Les deux premiers alambics étaient de petite taille, respectivement de 500 et 1 000 litres, on peut les voir exposés à la distillerie. Le premier single malt a vu le jour en 2007, et la production reste aujourd'hui encore limitée, puisque la distillerie ne fonctionne que 4 mois par an, d'avril à juillet, la compagnie Eigashima Shuzo, son propriétaire, privilégiant la production de saké (depuis 1888 sur le site). Les bâtiments actuels de la distillerie datent de 1984 et les chais sont situés dans l'ancienne distillerie, à quelques dizaines de mètres de là. Le malt, importé d'Angleterre, est légèrement tourbé (10 ppm). Un millier de fûts sont en cours de maturation actuellement et les périodes de vieillissement sont plutôt courtes, 5 ans en moyenne. Le fût le plus vieux a 8 ans. Mais un 15 ans d'âge sorti en 2013 (le plus vieux alors) a déjà fait parler de lui : après un séjour de 12 ans et demi en fût de sherry, il a continué sa maturation pendant 2 ans et demi encore dans un fût en chêne konara (le « petit frère » du mizunara), le premier vieillissement du genre : le résultat en était tout simplement superbe, pouvant rivaliser sans rougir avec les meilleurs de ses concitoyens.

LES WHISKIES DU MONDE

Les vingt dernières années ont été marquées par l'apparition de nouveaux pays producteurs de whisky. À l'instar des vins produits un peu partout à travers le monde, on peut aujourd'hui parler de « whiskies du monde ». Nombreux sont donc les pays à avoir intégré le club (finalement très ouvert) des producteurs de whisky, dans le respect de la réglementation et des traditions écossaises, irlandaises ou américaines. Certains de ces pays se sont déjà fait un nom et une place de choix dans le cœur des amateurs, d'autres sont encore en phase d'apprentissage, et ne cessent de se perfectionner. À suivre…

L'émergence de nouveaux marchés, devenus grands consommateurs de whisky (l'Inde, la Chine, l'Asie du Sud-Est, l'Amérique du Sud) a créé une demande sans précédent, provoquant des pressions sur les stocks des producteurs traditionnels de whisky, notamment les Écossais. Les premières marques vendues par volume dans ces marchés sont les blends Johnnie Walker, Ballantine's, Chivas Regal et Grant's, ainsi que les single malts Glenfiddich, Glenlivet, The Macallan, Glenmorangie et The Singleton.

Cette redistribution géographique des volumes de whiskies a provoqué entre autre des ruptures temporaires de stock dans certains marchés traditionnels. L'appel d'air était donc prévisible et s'il est normal, voire attendu, pour certaines nations de se tourner tôt ou tard vers la production de whisky (les anciennes colonies britanniques par exemple), certains nouveaux acteurs peuvent paraître plus surprenants comme le Pakistan, par exemple. L'entrée dans le XXIe siècle est marquée par l'explosion de ce phénomène, qui, depuis les cinq dernières années, ne fait que s'accélérer. Aujourd'hui, tous les continents sont représentés sur la carte du monde des whiskies. Petit cour de géographie évidemment subjectif…

MYKEN
NOI
BERTRAND
F.MEYER
GILBERT HOLL
HEPP
LEHMANN
AGD
BRE
HET ANKER
RADERMACHER
THE OWL DISTILLERY
DAN
STAUNING
LAKES
US HEIT
ZUIDAM
ANGLETERRE
PAYS DE GALLES
PENDERYN
Cardiff
ST GEORGE'S
ADNAMS COPPER HOUSE
Londres
PAYS BAS
LONDON DISTILLERY COMPANY
DISTILLERIE DES MENHIRS
GLANN AR MOR
KAERILIS
WARENGHEM
ALLEMAG
Bruxelles
CLAEYSSENS
BELGIQUE
Francfort
NORTHMAEN
Paris
GRALLET DUPIC
DISTILLERIE DU PAYS D'OTHE
ROUGET DE LISLE
LICHTENSTE
FRANCE
Zurich
BRÛLERIE DE REVERMONT
TELSER
BRUNET
MONSIEUR BALTHAZAR
SUISSE
MICHARD
Grenoble
DOMAINE DES HAUTES GLACES
CASTAN
MOLINO DEL ARCO
BRAUEREI LOCHER
BRENNEREI HOLLEN
WHISKY CASTLE
Madrid
MAVELA
ESPAGNE
LIBER

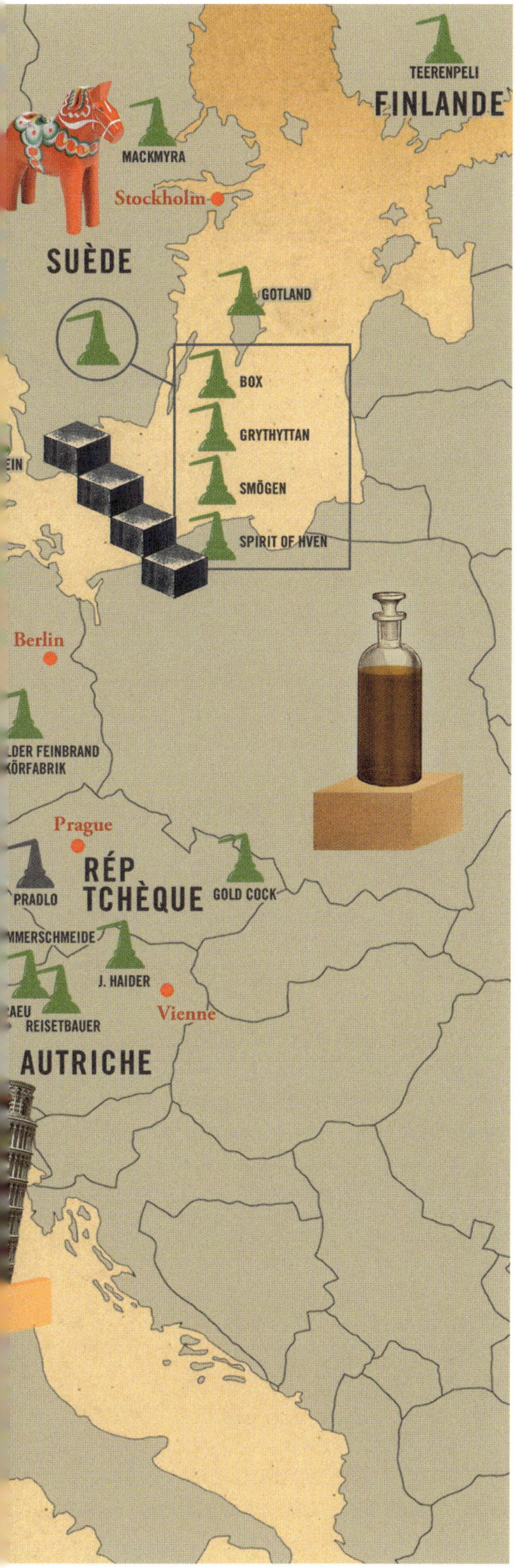

LA VIEILLE EUROPE

Au nord, le Danemark, la Norvège, la Finlande ou l'Islande, ont suivi l'exemple de la Suède. Autour de son fleuron Mackmyra, le royaume scandinave compte aujourd'hui une dizaine de distilleries. Une dizaine de millions de bouteilles y sont consommées chaque année, soit une par habitant ! L'alcool y est pourtant distribué sous monopole d'État.

Mackmyra est née en 1999. La première distillerie est créée à 145 km au nord de Stockholm, dans le village de Mackmyra, qui signifie le « marais aux moustiques »... Les premiers alambics étaient de trop petite taille pour remplir un fût classique de 200 litres. C'est pour cela, entre autres, que la distillerie est passée à des fûts de 30 litres, qui sont devenus une de ses spécificités. En 2012, une deuxième distillerie voit le jour près de Gavle, à proximité du premier site. Mackmyra occupe une structure composée de verre, haute de 37 mètres, nichée en pleine forêt. Son nom, Gravity, résume tout un programme. Le grain est acheminé au dernier étage, chaque étage inférieur accueillant l'étape suivante de l'élaboration. La matière descend, grâce à la gravité, jusqu'au premier étage où se trouvent les alambics. Les différents chais sont disséminés sur cinq sites, dont le plus surprenant est une ancienne mine située 50 mètres sous terre. Un autre est situé sur l'une des îles de l'archipel de Stockholm et abritait auparavant des stocks de torpilles de la marine suédoise. Mackmyra utilise de l'orge suédoise, une grande partie des fûts est issue de chênes locaux et certains ont contenu des vins suédois (à base de fruits des bois). Une partie de l'orge est maltée sur place et pour le côté fumé, on rajoute dans le feu des branches de genévrier. On retrouve toute la Scandinavie dans un verre de Mackmyra.

En Grande-Bretagne, si l'Irlande et l'Écosse sont évidemment considérées comme les berceaux du whisky, leurs voisins gallois et anglais font beaucoup parler d'eux en ce début de siècle. Ils sont donc (trop) facilement classés dans la catégorie des nouveaux pays du whisky. Il serait pourtant plus approprié de parler ici de renouveau, puisque cet art est plus que centenaire dans ces deux pays. En Angleterre, c'est la distillerie Saint George, située dans le Norfolk, qui a initié la reprise de cette activité à l'initiative de James Nelstrop et de son fils Andrew, agriculteurs de leur état. Rappelons qu'à l'origine, les premiers distillateurs étaient des fermiers. L'aventure débute fin 2006, et les Nelstrop choisissent un partenaire de poids en la personne de Iain Henderson, l'ancien manager mythique de la distillerie Laphroaig. Le jeune single malt est vendu dès les premiers mois de vieillissement, dans des versions tourbées ou non tourbées, sous les noms évocateurs de Chapter 1, Chapter 2, etc. ponctuant son évolution jusqu'à l'appellation de whisky.

Tout récemment, en 2012, la Compagnie London Distillery a vu le jour. Il s'agit également du renouveau de la distillation dans la capitale plus d'un siècle après sa disparition. De nouvelles structures poussent d'ailleurs à un rythme plutôt soutenu à travers tout le pays et présagent d'un avenir excitant pour les amateurs.

Le pays de Galles compte avec la distillerie Penderyn son unique représentant. La famille d'Evan Williams, l'un des pères fondateurs du bourbon américain, tenait en 1705 une petite distillerie à Dale, dans le Pembrokeshire. Bien que séculaire donc, on ne dispose que de très peu d'éléments sur la distillation du whisky dans ce pays. Il faut dire que son histoire est assez mouvementée. Créée en 1890, la distillerie Frongoch, au nord du pays, avait tout pour prospérer puisque le whisky était, comme dans le reste du royaume britannique, très populaire au pays de Galles. Un peu trop, peut-être, puisque les ligues de tempérance, dont le poids pouvait se mesurer à hauteur de la ferveur religieuse, montèrent aux créneaux et eurent raison de la distillerie. À cette époque trouble, les ouvriers étaient obligés d'y travailler de nuit, et les livreurs effectuaient également leurs tournées des lieux de vente une fois la nuit tombée. Elle ferma finalement ses portes en 1903. On n'entendit plus parler de whisky gallois jusqu'en 1974, avec la « Welsh Whisky Company » située à Brecon. Mais il s'agissait en fait de whisky écossais simplement embouteillé sur place et filtré à travers des herbes aromatiques !

PENDERYN

La première distillation a eu lieu en août 1999, et le premier single malt est lancé le 1er mars 2004, jour de la saint David, saint patron du pays. Dès sa création, Penderyn se distingue à plus d'un titre de ses cousines celtes : le brassage d'abord, contrairement aux autres distilleries, il n'est pas effectué sur place, le moût provenant d'une brasserie de Cardiff. L'alambic ensuite, unique en son genre, sorte d'hybride entre l'alambic à repasse et l'alambic à colonne, il permet la réalisation d'un cycle complet et le distillat qui en résulte titre à 92 % d'alcool. L'inventeur qui lui a donné son nom est David Faraday, arrière-arrière-petit-fils de Mickaël Faraday, l'un des pères de l'électricité. Cet alambic requiert 38 % seulement de l'énergie requise par un alambic classique. Épaulée par Jim Swan, l'ingénieur écossais consultant incontournable du monde du whisky, le premier maître distillateur était une femme, Gillian Howell, chose assez rare dans cette branche. Howell partie, c'est actuellement deux autres femmes, Laura Davies, maître distillateur et Aista Jukneviciute, assembleur, qui tiennent les commandes de la distillation. Avec le succès de son whisky, Penderyn s'est doté depuis 2013 d'un deuxième alambic Faraday ainsi que de deux alambics à repasse traditionnels (de type pot still) en 2014.

Un peu plus au sud de l'Europe se trouve un autre pays producteur dont l'activité est en pleine croissance : la France. Comment en effet être en tête des pays consommateurs de single malts écossais et avoir une histoire et un patrimoine si riches dans la production d'eaux-de-vie mes plus variées, sans abriter ses propres distilleries de whisky ?

On compte à travers la France une vingtaine de distilleries. Warenghem, l'aînée, a lancé son premier blend WB en 1987 et son premier single malt Armorik en 1999. Elle est située à Lannion, en Bretagne. Une terre celte qui héberge aussi Glann ar Mor à Pleubian. Les premières distillations ont commencé en 1999 dans cette distillerie créée pierre par pierre par Jean Donnay dans un style des plus traditionnels avec ses alambics chauffés à feu direct, ses condenseurs en serpentin et ses lents temps de fermentation et de distillation. Et que dire de la distillerie des Menhirs, à Plomelin ? Créée en 1986, on a commencé par y produire du lambig (une eau-de-vie de cidre). En 1998, elle produit son premier whisky commercialisé en 2002 : Eddu, issu à 100 % de blé noir. En 2013 sort une version affinée en fûts de chêne de la forêt de Brocéliande, la forêt de Paimpont. Difficile de faire plus breton que cela…

L'Alsace est une autre région où distiller est une tradition, avec notamment les distilleries Bertand et Hepp, toutes deux situées dans la petite localité d'Uberach. « En passant par la Lorraine », on s'arrêtera dans la petite distillerie de la famille Grallet et son whisky G. Rozelieures. Citons également la Normandie avec Northmaen et son « Thor Boyo » ! Le Domaine des Hautes Glaces, ferme-distillerie nichée au cœur des Alpes, produit de très beaux whiskies. Même la capitale s'est dotée tout récemment d'une micro-distillerie, la Distillerie de Paris avec aux commandes les frères Nicolas et Sébastien Julhès : depuis janvier 2015, le distillat coule des alambics. Bien sûr, si jeune, on ne parle pas encore de whisky mais des alcools issus de céréales sont, déjà proposés à la vente, ainsi que d'autres spiritueux comme du gin par exemple. Pour déguster notre nectar préféré, il faudra donc encore patienter… trois ans.

La Belgique s'est également positionnée sur la carte des whiskies du monde avec, entre-autre, les whiskies Lambertus et The Belgian Owl dont la distillerie, The Owl, utilise les alambics de la distillerie écossaise Caperdonich, fermée en 2002.

LE DOMAINE DES HAUTES GLACES

Installée au sein d'une ancienne fortification construite au XVIIe siècle sur un plateau situé à 900 mètres d'altitude au sud de Grenoble, la distillerie du domaine des Hautes Glaces est encore jeune. Les premières moissons y ont été réalisées au cours de l'été 2009. La distillerie a pourtant déjà marqué les esprits des connaisseurs. Fondée par Jérémie Bricka et Frédéric Revol, respectivement œnologue et ingénieur agronome, cette petite société produit différents types d'eaux-de-vie de céréales, du seigle et de l'orge biologiques, semés sur des lieux distincts : cinq « climats », terme bourguignon qui désigne un ensemble de parcelles avec des pentes, une exposition et une géologie particulière. Cultivés en agriculture biologique, les fruits de ces parcelles sont récoltés, brassés et distillés sur place. Les alambics sont de type charentais et chauffés à flamme directe. Le premier distillat a vu le jour en mai 2011. Les fûts sont issus de chêne français. Ici aussi, la notion de terroir prend tout son sens.

Les Pays-Bas, la République Tchèque et même la petite principauté du Liechtenstein ne sont pas non plus en reste. La Suisse, l'Autriche et l'Allemagne cultivent une longue tradition en matière de distillation pour des eaux-de-vie de fruit, du brandy ou du schnapps. C'est donc tout naturellement que cette industrie s'est tournée vers le malt. L'Allemagne avec sa tradition brassicole (après tout, en matière de whisky, le brassage est l'étape précédant la distillation) se taille une belle part. On y dénombre plusieurs dizaines de distilleries de whisky. Celle de Blaue Maus, en Bavière, est la plus ancienne et s'est intéressé au malt en 1983.

Enfin, plus au Sud, l'Espagne fait figure de doyenne parmi les pays non-anglophones producteurs de whiskies avec notamment la distillerie Molino del Arco, à Ségovie, qui fut fondée en 1959. De taille importante, on y produit du whisky depuis le début des années 1960. On y élabore principalement des blends. Pour la petite histoire, le propriétaire DYC (Distilerias y Crianza del Whisky) s'était porté acquéreur de la distillerie écossaise Lochside (fermée depuis 1992) pour simplement assurer son besoin important en malt !

Terminons ce tour d'Europe avec l'Italie et la distillerie Puni fondée en 2010, et dont le premier distillat a coulé en février 2012. Il était plus que temps, et on se demande encore aujourd'hui comment ce pays qui a été le premier en Europe non-anglophone à se passionner pour le single malt a pu attendre aussi longtemps pour voir émerger sa propre distillerie de whisky !
Cette distillerie située dans le Haut Adige à Glorenza, est nichée en plein cœur d'une région que l'on considère depuis le Moyen Âge comme le « grenier » du Tyrol, et réputée pour la qualité du seigle qui y est cultivé. Rien d'étonnant donc que l'idée ait germée chez la famille Ebensperger (oui oui, c'est italien) passionnée par les whiskies écossais, d'y fonder leur propre distillerie. Elle tire son nom de la rivière voisine. Construite en deux ans et demi, les premières mises en fûts remontent à avril 2012. Les alambics ont été fabriqués en Écosse par la maison Forsyths of Rothes qui fournit la plupart des distilleries écossaises. L'une des particularités de cette distillerie est de produire un « triple malt » (orge, seigle et blé), l'alcool vieillit principalement dans des fûts ayant contenu du marsala. Dans un pays marqué par le régionalisme et où Nord et Sud ne font pas toujours bon ménage, Puni réussit l'union des deux en proposant un whisky dont le pays peut être fier. Les eaux-de-vie destinées à vieillir longtemps ont pour chais des bunkers de la Seconde Guerre mondiale, aux murs de 4 mètres d'épaisseur. L'architecture, enfin, est également des plus surprenantes puisque la distillerie est située à l'intérieur d'un cube couleur brique, de 13 mètres de côté. Une distillerie mise en cube, des bunkers en guise de chais... Les anges doivent y perdre leur latin.

L'ASIE

Le Japon s'est imposé comme la référence absolue du whisky en Asie. Pourtant, au côté de la locomotive du marché asiatique émergent aujourd'hui deux acteurs très différents l'un de l'autre, mais qui ont en commun de posséder chacun un véritable vivier d'amateurs. L'Inde et Taïwan voient en effet leurs productions émerger au niveau international.

Qu'on produise du whisky en Inde n'a finalement rien d'étonnant. En raison de son passé colonial, cet immense territoire a toujours été un marché important pour ce spiritueux. La croissance économique de ce pays-continent est telle que de plus en plus d'Indiens consomment du whisky. D'ailleurs, comme la Chine et l'Amérique du Sud, c'est un marché très prisé par les pays producteurs historiques, mais les taxes imposées à l'importation demeurent très élevées. Si l'on s'en tenait à l'appellation locale de « whisky », l'Inde serait le premier producteur et le premier consommateur au monde. Mais voilà, la plupart des « whiskies » indiens sont des assemblages issus d'alcool de céréales et de mélasse. Or ce whisky-là, bien évidemment, ne pourra jamais prétendre à cette appellation hors de ses frontières. Certaines distilleries élaborent néanmoins un whisky dans la plus pure tradition gaélique et rencontrent une reconnaissance internationale méritée, à l'instar d'Amrut et de John Distilleries.

AMRUT

C'est en 1948 que la société familiale a vu le jour. Spécialisée dans la production d'alcools comme le rhum, le gin ou encore la vodka, c'est au milieu des années 1980 qu'elle commence à produire du whisky, destiné à des blends, dans sa distillerie située à Bangalore, à 911 mètres d'altitude. En 2004, elle lance son single malt Amrut sur le marché britannique. Aujourd'hui, Amrut est vendu dans une vingtaine de pays. L'orge utilisée est cultivée au pied de l'Himalaya ; faute de tourbe sur le sol indien, la distillerie se tourne vers l'Écosse pour subvenir à ses besoins en malt tourbé. Du fait de températures locales élevées (17 °/27 ° en hiver et 20 °/36 ° l'été), la part des anges y est particulièrement importante, puisqu'elle peut s'élever jusqu'à 10 à 16 % par an contre 1 à 2 % en moyenne en Écosse. Ainsi, les whiskies proposés par la distillerie ne sont jamais très âgés, en moyenne de 4 à 6 ans, mais atteignent une maturité et une complexité digne d'un scotch d'une vingtaine d'années. En 2012, Amrut sort son single malt le plus âgé, 8 ans, portant le nom de « Greedy Angels » (les anges gourmands), résultat de l'assemblage de deux fûts. Des 360 litres présents au départ, il n'en restait plus que 86 à l'issue des 8 ans de vieillissement ! Mais quel whisky ! En 2014, Amrut récidive, avec un nouveau Greedy Angels, âgé de 10 ans cette fois-ci, issu d'un assemblage de plusieurs fûts.

À Taïwan, le whisky est une affaire de passion. Cette petite île représente en effet le sixième marché mondial pour le scotch ! Et quand on sait à quelle hauteur les prix de prestigieuses bouteilles s'envolent lors des ventes aux enchères locales, pour le plus grand bonheur des collectionneurs taïwanais, on comprend mieux encore l'ampleur de ce phénomène. La distillerie de Kavalan, située dans la ville de Yuanshan, appartient au groupe King Car, fondé en 1956, spécialisé, entre autres, dans la bio technologie. Et si M. Lee son propriétaire, passionné lui-même de whisky, n'a pu réaliser son rêve qu'en 2005, c'est que la législation locale l'en empêchait : la production d'alcool était en effet un monopole d'état jusqu'en 2002. On peut dire que M. Lee n'a pas perdu de temps, la distillerie ayant été construite en un temps record de huit mois au nord de Taïpei, le premier distillat a coulé le 11 mars 2006 et les premiers embouteillages de Kavalan (le nom de ce désormais fameux single malt) commercialisés en 2009. Rien n'a été laissé au hasard, Taïwan est un creuset de technologies de pointe et cette technologie est mise au service de la distillerie afin de lui assurer la constance d'un distillat de qualité. Côté tradition, les alambics ont été fabriqués en Écosse et le malt importé directement d'Inverness. Enfin, un consultant de choix a été sollicité en la personne de Jim Swan qui exerce également ses talents pour Pendern, au pays de Galles. Comme en Inde, le climat subtropical aiguise l'appétit des anges et la part qu'ils prélèvent chaque année peut atteindre 15 % (en été, la température dans les chais atteint 42 °C). Ici aussi, la maturation est précoce : lors d'une dégustation à l'aveugle par des amateurs avertis, un Kavalan de 4 ans élevé en fût de sherry leur avait évoqué des single malts écossais du Speyside âgés d'une cinquantaine d'années… Le chais comporte cinq étages, les quatre premiers étant de type moderne « racks», où les fûts sont entreposés sur plusieurs niveaux, le cinquième où il fait plus chaud, de type traditionnel « dunnage » avec des fûts stockés sur trois niveaux. Les fûts sont attachés quatre par quatre pour les sécuriser contre les nombreuses secousses de faible intensité dont le pays fait l'objet. Le succès de Kavalan ne se dément pas et la production aura triplé d'ici la fin de l'année 2015 pour s'accroître sur le même rythme en 2016 ! M. Lee et Ian Chang, son maître assembleur, peuvent être satisfaits. Dernier détail : la distillerie reçoit chaque année un million de visiteurs, soit presqu'autant que dans toutes les distilleries d'Écosse confondues !

L'OCÉANIE

Si certaines localisations peuvent paraître surprenantes comme terres de production du whisky, l'Australie peut prétendre à une certaine légitimité tant elle a joué un rôle de nouvelle terre d'accueil et d'exploration (au même titre que l'Amérique) pour les colons venus d'Irlande ou d'Écosse. On les imagine ainsi aisément avoir ramené dans leur balluchon l'art de la distillation de leur nectar national. De plus, la nature locale offre toutes les matières premières nécessaires et la culture de l'orge y est importante : l'Australie exporte plus de la moitié de sa production. La Tasmanie est à elle seule un petit paradis pour les distillateurs, avec de nombreux cours d'eau d'une grande pureté et un climat très approprié. C'est d'ailleurs là que se trouvent la plupart des distilleries australiennes. Malgré tous ces avantages, l'histoire du whisky australien ne s'est développée que récemment : une loi, le Licensing Act, datant de 1901, imposant une capacité minimale de 12 000 litres pour les alambics, a longtemps bloqué toute initiative de la part d'entrepreneurs potentiels. Il a fallu toute la persévérance d'un homme qui voulait créer sa petite distillerie, Bill Lark, pour arriver à faire sauter ce verrou politique. Nous sommes alors en 1992 : la première distillerie australienne voit le jour en Tasmanie, celle de Lark. À juste titre, Bill Lark est considéré comme le père du whisky australien moderne, et ce passionné ne ménage pas sa peine. Il n'hésite pas par exemple à prodiguer ses précieux conseils à tous ceux qui se lancent dans l'aventure de la distillation et qui le sollicitent et ce jusqu'en… Écosse comme avec la jeune distillerie Kingsbarns dans les Lowlands. L'activité brassicole étant importante en Australie, les distilleries n'ont aucun mal à s'approvisionner en malt.

Si l'Australie évoque l'immensité et les grands

espaces sauvages qui s'étendent à l'infini, le pays-continent n'abrite aucune distillerie de taille industrielle. La plus grande, Hellyers Road, à une production qui la reléguerait au rang des plus petites distilleries écossaises.
Ainsi, au-delà d'un terroir, c'est l'esprit pionnier qui caractérise le whisky australien. Ces petites distilleries ont à leur tête des hommes, dignes héritiers des premiers colons, qui n'hésitent pas à s'entraider, à l'instar de Bill Lark, avec une volonté de produire un whisky à l'image de leur pays et de l'esprit qui les anime : audacieux et généreux, et aujourd'hui mondialement reconnu.

HELLYERS ROAD

Située sur l'île de Tasmanie, plus connue pour ses vins, son saumon et la richesse de sa nature verdoyante, la distillerie doit son existence à la passion pour le whisky partagée par le propriétaire d'une coopérative laitière et un distillateur professionnel : ensemble, ils décident de créer un nouveau « lait », malté et bien sûr plus écossais dans l'esprit ! Bien que l'on ait commencé à y distiller en 1999, ce n'est qu'en 2006 que les premières bouteilles ont été mises sur le marché. Les deux alambics à repasse se distinguent des modèles classiques : si le cou de l'alambic et le col-de-cygne sont bien en cuivre, le corps, lui, est en inox… C'est également l'une des rares distilleries australienne à proposer une version tourbée, qui évoque une autre île, celle d'Islay.

La Nouvelle-Zélande était jusqu'ici représentée par un whisky, proposé par la New Zealand Whisky Company, qui racheta en 2010 le stock restant (environ 450 fûts) de la distillerie Willowbank, située au sud du pays à Dunedin, qui est aussi l'ancien nom d'Édimbourg. Fondée en 1974, elle mettra un terme à sa production en 1997, et son propriétaire, Foster's, le brasseur australien, fermera le site en 2000 et fera envoyer les alambics dans les îles Fidji pour y produire du rhum. Le whisky était connu dans les années 1980 sous le nom de Lammerlaw. Désormais, les fûts sont entreposés dans des chais situés dans la petite ville historique d'Oamaru à environ 100 km au nord de Dunedin, sur la côte ouest de l'île du Sud. Depuis 2014, une petite distillerie a vu le jour à Aukland, dans l'île du Nord, à l'initiative de Rachel et Mattew Thompson. Pour goûter son whisky, il faudra attendre quelques années encore…

Bien sûr, la mappemonde du whisky ne se limite pas à ces quelques distilleries, néanmoins choisies parce qu'elles sont un échantillon plutôt représentatif de ce qui se fait aujourd'hui autour du monde en termes de whisky. Il est en effet impossible de dresser un état des lieux exhaustif tant chaque jour (littéralement !) voit naître une nouvelle distillerie quelque part sur le globe. On pourrait néanmoins citer l'Amérique du Sud, avec le Brésil et l'Argentine, et l'Afrique du Sud avec sa marque « Three Ships » qui fait de plus en plus parler d'elle… Ces deux grandes parties du monde comptent de plus en plus d'amateurs, et il faudra peut-être s'y intéresser de plus près dans quelques années pour voir émerger le prochain whisky dévoreur de médailles…

DISTILLERY CO LIMITED
1609

LES EMBOUTEILLEURS INDÉPENDANTS

DE PLUS EN PLUS NOMBREUX AUJOURD'HUI, LES EMBOUTEILLEURS INDÉPENDANTS SONT DES ACTEURS INCONTOURNABLES DE LA PLANÈTE WHISKY. LES PLUS ANCIENS ONT LARGEMENT CONTRIBUÉ À LA CONNAISSANCE DU SINGLE MALT, ET CONTINUENT DE LE FAIRE. JUSQU'À LA MOITIÉ DU XIXE SIÈCLE D'AILLEURS, PEU DE DISTILLERIES EMBOUTEILLAIENT LEURS WHISKIES ELLES-MÊMES. LES EMBOUTEILLEURS S'ACQUITTAIENT DE CETTE TÂCHE. AUJOURD'HUI, JAMAIS L'AMATEUR DE WHISKY NE S'EST RETROUVÉ FACE À UNE SI GRANDE DIVERSITÉ DANS LE CHOIX DES SINGLE MALTS, ET C'EST AUSSI GRÂCE AUX NÉGOCIANTS.

Les embouteilleurs indépendants ont été précurseurs par certaines pratiques : la mise en bouteille au fût par fût (single cask), au degré naturel (cask strength), la non-filtration à froid (un-chillfiltered), le respect de la couleur naturelle… pratiques qui aujourd'hui sont reprises par les distilleries elles-mêmes, au travers de certains de leurs embouteillages « officiels ».
Le négociant va donc acheter des fûts, souvent par lot, auprès des distilleries, de propriétaires et de courtiers, qu'il continuera de laisser vieillir soit dans les chais de la distillerie d'origine, soit dans les siens, soit dans les deux, ou qu'il décidera d'embouteiller sans attendre. Mais devant la demande croissante pour les single malts et les blends (dont les single malts sont la composante, ne l'oublions pas), les distilleries ne cèdent plus leurs fûts aussi facilement. Conscients du tarissement potentiel de cette ressource, certains négociants deviennent aussi propriétaires de distillerie rachetées à de grands groupes (Gordon & MacPhail avec Benromach, Signatory Vintage avec Edradour), quand ils ne décident pas d'en bâtir de nouvelles (Adelphi avec Ardnamurchan, Wemyss Malts avec Kingsbarns tout récemment) : du coup, ils endossent la double casquette d'embouteilleur indépendant et d'embouteilleur officiel !
On parle donc d'embouteillages « indépendants» ou de « négoce » par opposition aux embouteillages « officiels », ceux réalisés par les distilleries. Elles vont mettre en avant leur whisky à travers une gamme qui refléte un caractère, un style, à travers des âges et des types de maturations différents (10, 12, 15, 18 ans, vieillissement en fût de bourbon, de sherry, affinage en fût de porto…). Ainsi, l'amateur reconnaîtra son single malt préféré à chacune de ses dégustations. Pour cela, la distillerie devra s'assurer de la constance du profil aromatique et du goût de chaque whisky qui compose sa gamme.
À l'inverse, le négociant/embouteilleur indépendant privilégie la variété, avec parfois des versions atypiques. Au sein d'une même distillerie, ces embouteillages peuvent provenir d'un seul fût ou de l'assemblage de quelques fûts et parfois à des degrés différents (non réduits, à 46 %...) Un single malt peut ainsi montrer des visages bien divers selon son élevage, son degré et son âge. Le négociant décidera ensuite du terme du vieillissement, ou d'un affinage éventuel et du degré de mise en bouteille pour que son whisky arrive dans le verre de l'amateur dans sa forme la plus aboutie. D'ailleurs, on verra bien souvent mis en avant la date de distillation plutôt que le compte d'âge, le nombre de fûts concernés et même le nombre de bouteilles obtenues. Les étiquettes des indépendants sont ainsi de véritables cartes d'identité. Ce procédé peut parfois contrarier les propriétaires des distilleries car l'image de leur whisky maison ne se reflétera pas forcément dans celle donnée par l'embouteillage de négoce, issu d'un seul fût par exemple. Ce dernier peut même aller jusqu'à interdire que le nom de la distillerie soit mentionné, le négociant devant alors piocher dans son imagination pour trouver une mention qui servira d'indice pour l'amateur averti.
Mais l'embouteilleur indépendant va également permettre à l'amateur de single malt de découvrir de véritables raretés : la très grande majorité des distilleries a en effet pour vocation d'élaborer un malt qui intégrera la recette d'un blend. Il n'est pas prévu par son propriétaire de l'étiqueter sous forme de single malt. Les premiers embouteillages de single malt de la distillerie Port Ellen, par exemple, ont été des embouteillages de négoce et il aura fallu attendre une quinzaine d'années après la fermeture de la distillerie - en 1983 - pour voir les premiers embouteillages officiels (hormis une version limitée en 1980 créée pour la venue de la Reine à Port Ellen !). C'est ainsi que certaines pépites embouteillées provenant de fût unique finissent au panthéon des collectors que les amateurs s'arrachent à prix d'or !
Il est impossible de dresser une liste exhaustive des embouteilleurs indépendants, mais en voici quelques-uns parmi les plus connus et les plus appréciés :

- **Adelphi Distillery (Écosse)** : Créée en 1993 par Jamie Walker, cette maison tire son nom d'une ancienne distillerie de Glasgow (1826/1907 pour la production de malt et 1932 pour la production de grain), dont l'un des propriétaires était son arrière-grand-père, Archibald Walker. Ce négociant se distingue par ses whiskies embouteillés à la force du fût, non filtrés à froid et sans coloration artificielle. Charles MacLean, l'un des plus éminents spécialistes en la matière participe à la sélection des fûts. Adelphi Distillery est l'une des quelques maisons de négoce à posséder une distillerie, Ardnamurchan, opérationnelle depuis juillet 2014.

- **A. Dewar Rattray Ltd (Écosse)** : Créée en 1868, par Andrew Dewar Rattray, elle est dirigée par l'un de ses descendants. L'un de leurs embouteillages vedette est connu sous le nom de Stronachie. Ce nom fait référence à une distillerie de la région de Perth, dans les Highlands du Sud, qui fonctionna de 1890 à 1928, et dont A.D. Rattray était le représentant. Quand en 2002, A.D. Rattray Ltd dénicha une bouteille de ce whisky mythique et voulu le ressusciter, son choix se tourna vers la distillerie de Benrinnes, située elle dans le Speyside. Ici aussi, une distillerie figure dans le portefeuille du négociant : Glasgow Distillery, qui renoue avec la distillation de whisky dans la grande ville écossaise après plus d'un siècle. Le premier distillat devrait couler d'ici à la fin de l'année 2015.

- **Berry Bros. & Rudd (Angleterre)** : fondée en 1698, et ayant débuté par le commerce du café, puis d'autres produits d'épicerie fine comme le thé et les épices, c'est le plus vieux négociant en vins et spiritueux de Grande-Bretagne. Cette maison historique et renommée fournit notamment la famille royale. Elle élabore aussi des assemblages, comme le faisaient d'ailleurs toutes bonnes maisons dignes de ce nom au XIXe siècle : le blended malt Blue Hanger, mais surtout le célèbre blend, Cutty Sark, créé en 1923. Depuis avril 2010, Cutty Sark est devenu la propriété du Groupe de spiritueux Edrington, qui cède la même année la marque The Glenrothes à Berry Bros & Rudd, mais, cas singulier, seule la marque a été cédée, la distillerie, elle, reste aux mains du groupe Edrington.

- **Wm Cadenhead & Co (Écosse)** : Fondée en 1842 par George Duncan, Cadenhead est le plus ancien embouteilleur indépendant d'Écosse. En 1972, la maison alors basée à Aberdeen passe aux mains de J&A Mitchell, propriétaire historique de la distillerie Springbank, où s'effectuent aujourd'hui les mises en bouteille. Réputée pour ses embouteillages brut de fût, mais aussi pour ses rhums, la maison dispose d'une dizaine de boutiques à travers l'Europe (Allemagne, Italie, Pologne…).

- **Douglas Laing & Co (Écosse)** : Cette maison familiale a été fondée en 1948 par Fred Douglas Laing. Ses deux fils, Fred et Stewart lui ont depuis succédé. La gamme proposée est assez vaste, puisqu'elle réunit des blends (au départ, la spécialité maison), des blended malts et des single malts embouteillés au fût par fût, soit au degré naturel soit réduits, mais à des degrés élevés. En mai 2013, les deux frères décident de continuer chacun de leur côté. Douglas Laing & Co reste une affaire de famille puisque Fred a été rejoint par sa fille Cara, représentant la 3e génération des Laing à la tête de la firme de Glasgow. La gamme amputée des produits récupérés par par son frère reste riche : single malts et single grains issus de fûts uniques et embouteillés à des degrés divers, blended malts et blends.

- **Hunter Laing & Co (Écosse)** : Créée en 2013 par Stewart Laing, suite à la scission de Douglas Laing & Co (voir plus haut), l'entreprise reste une affaire familiale, puisque Stewart a été rejoint par ses deux fils, Scott et Andrew. Ici, la firme propose principalement des malts issus de single cask et embouteillés au degré naturel ou réduits, dont la gamme emblématique de la famille, les fameux Old Malt Cask.

- **Gordon & MacPhail (Écosse)** : C'est en 1895 que cette maison historique a été fondée par James Gordon et John Alexander MacPhail. Épicerie familiale alors spécialisée en thés, vins et spiritueux, la société de négoce est toujours installée à son adresse d'origine, à Elgin, dans le Speyside. L'un des tout premiers employés, John Urquhart, en prend bientôt la direction avec succès puisque la 4e génération Urquhart dirige aujourd'hui la compagnie ! À l'assemblage « maison » classique pour les négociants qui s'approvisionnaient en malt auprès des distilleries, Gordon & MacPhail associait d'autres activités. Notamment l'embouteillage sous licence de

single malts de distilleries déjà réputées, comme Macallan, Glenlivet ou Glen Grant. C'est d'ailleurs en souvenir de « ce bon vieux temps », que la maison conserve le droit d'utiliser les étiquettes officielles d'époque de certaines de ces distilleries. Mais Gordon & MacPhail embouteillait également pour son propre compte, en sélectionnant des fûts chez d'autres distilleries plus confidentielles. Leurs vieillissements sur des périodes beaucoup plus longues, pratique inhabituelle pour l'époque, les distinguent de la concurrence. Aujourd'hui, Gordon & MacPhail peut s'enorgueillir d'avoir l'un des stocks de fûts les plus impressionnants, mais contenant aussi probablement les plus vieux malts. Certains Speyside des années 1940 séjournent toujours dans leurs chais. En 2010, ils avaient créé l'événement en lançant un Mortlach de 70 ans, le plus vieux single malt jamais embouteillé, et ont récidivé les 2 années suivantes avec deux Glenlivet de 1940 ! Autre particularité de la maison, sélectionner des distillats qui vieilliront entièrement dans leurs fûts plutôt que d'acquérir des whiskies en cours de maturation.
La série « Connoisseurs Choice » est aujourd'hui le fer de lance d'une large gamme de beaux embouteillages. La compagnie est également propriétaire depuis 1993 de la distillerie Benromach (Speyside).

- **Ian Macleod Distillers (Écosse)** : Voici encore une société familiale, fondée par Leonard J Russel (Sr) en 1933 et aujourd'hui dirigée par… Leonard Russell, qui représente la 3e génération Russel. C'est l'une des plus importantes maisons de négoce, avec un portefeuille contenant également d'autres spiritueux, comme de la vodka, du gin et du rhum. La maison s'est portée acquéreur de deux distilleries et la mention « distillers » de son nom est là pour le rappeler : Glengoyne (Highlands) en 2003 puis Tamdhu (Speyside) en 2011. Ian Macleod propose une gamme qui va des blends aux single malts, notamment la série des « Chieftain's », et propose également des blended malts.

- **Signatory Vintage (Écosse)** : Fondée en 1988 par les frères Andrew et Brian Symington, l'aventure Signatory Vintage commence avec l'achat d'un fût de Glenlivet 1968. Les bouteilles qui en sont tirées se vendent très rapidement et d'autres fûts, issus de millésimes et de distilleries différentes, suivront bientôt, chacun faisant l'objet d'embouteillages spécifiques. Chaque embouteillage devait initialement être signé par une célébrité différente. L'idée est rapidement abandonnée sur l'autel du succès, les bouteilles se vendant avant même de trouver un signataire. Le nom demeure : « Signatory Vintage ». La gamme est composée de versions fidèles au concept d'origine, soit au fût par fût et au degré naturel. La série « Prestonfield », aujourd'hui disparue et nommée d'après l'hôtel où travaillait Andrew avant de créer sa compagnie, et « Cask Strength Collection » ont atteint une dimension quasi mythique auprès des amateurs. La plus populaire reste sans aucun doute la « Un-chillfiltered Collection », qui propose des embouteillages réduits à 46 % et non filtrés à froid, issus soit d'un seul fût, soit d'assemblages réduits (2-3 pour la plupart). Depuis 2002, Signatory Vintage est l'heureux propriétaire d'Edradour, l'une des plus petites distilleries d'Écosse. Les chais, toujours en expansion, y abritent la production de la distillerie et les fûts de Signatory Vintage. Cet embouteilleur indépendant est aujourd'hui l'un des acteurs les plus importants de sa catégorie.

- **Wemyss Malts (Écosse)** : Bien que récente (comparée à ses aînées historiques), cette compagnie familiale, créée en 2005, s'est déjà fait une belle place dans le monde des whiskies de négoce, avec sa gamme de single casks et de blends qui a la particularité de ne pas mentionner le nom des distilleries d'où proviennent leurs whiskies, mais de faire référence à leur profil aromatique et gustatif. Ainsi, l'on peut voir sur les étiquettes les noms évocateurs de « Peat Chimney » (cheminée de tourbe), « Fresh Fruit Sorbet » (sorbet de fruits frais) ou encore « The Hive » (la ruche). Leur panel de sélection est présidé par Charles Maclean, l'un des plus éminents spécialistes en la matière. Les single malts sont embouteillés à 46 % ou laissés au degré naturel, et proviennent des quatre coins de l'Écosse. Quant à leurs blends, ils sont issus de l'assemblage de quelques fûts et embouteillés à 46 % ou 40 %. La famille Wemyss a investi dans la construction d'une dis-

tillerie, Kingsbarns, sur le site d'une ancienne ferme du XVIIIe siècle, située dans les Lowlands. Un rêve pour leur associé, Douglas Clement, matérialisé en février 2015 par un premier distillat.

Deux cas particuliers :

- **Compas Box (Écosse)** : On ne peut pas parler d'embouteilleur indépendant au sens strict du terme. Lorsque John Glaser créé sa société en 2000, le pari est téméraire. Le single malt a déjà le vent en poupe et continue sa « démocratisation » auprès d'un public d'amateurs toujours plus nombreux. John Glaser propose alors une gamme de whiskies issus exclusivement d'assemblage : un blend, un pure malt (depuis novembre 2011, on a remplacé en Écosse cette appellation par « blended malt ») et un vatted grain (assemblage de whiskies de grain : blé, mais là aussi, l'appellation officielle a été rebaptisée « blended grain »). Une première ! Pour celui qui disait alors «vouloir faire des whiskies qui plairont aussi à ceux qui n'aiment pas le whisky », le pari est réussi : Compass Box fête aujourd'hui ses 15 ans et la qualité de ses whiskies est largement reconnue par les amateurs. Mais la reconnaissance des assemblages n'est pas le seul cheval de bataille de

John Glaser. L'influence du fût sur les arômes *via* la maturation du whisky est également une véritable obsession chez cet homme. Il utilise pour ses créations des fûts issus de différents chênes (européens, américains), n'hésitant pas à les « mixer », et subissant différents niveaux de bousinage. Sans doute un héritage de son passé dans le monde du vin avant son arrivée dans le whisky, chez Johnnie Walker… Véritable « couturier », ou chef d'orchestre, John Glaser dirige d'ailleurs plutôt un orchestre de chambre, et n'utilise qu'une poignée de single malts (ou single grains) quand plupart des compagnies composent avec des orchestres philarmoniques pour réaliser leurs assemblages.

- **The Scotch Malt Whisky Society (Écosse)** : Voilà encore un embouteilleur à part puisqu'il s'agit d'un club d'amateurs qui compte plus de 25 000 membres à travers le monde ! Phillip « Pip » Hills, son fondateur, était certainement loin d'imaginer que la « Society » comme l'appellent ses membres, allait prendre une telle ampleur lorsqu'il la créa en 1983. Tout commence lorsque Hills, déguste ses premiers whiskies prélevés à même le fût, sans dilution donc et au degré naturel : une révélation ! À cette époque, trouver des whiskies embouteillés « cask strength » relevait de l'exploit. Qu'à cela ne tienne, il décide d'acheter lui-même un fût directement à la source (la distillerie Glenfarclas en l'occurrence), et convainc un groupe d'amis de le rejoindre dans l'aventure. Le whisky embouteillé « brut de fût » se révèle être un véritable nectar. Un deuxième fût suivra, puis d'autres amis viendront grossir les rangs de ce nouveau type d'amateurs : la « Scotch Malt Whisky Society » était née.
Aujourd'hui, Phillip Hills ne fait plus partie de la Society, mais un panel de dégustation, constitué de fin connaisseurs (dont Charles Maclean, encore lui !) sélectionnent les fûts provenant de plus de 130 distilleries (principalement écossaises mais aussi japonaises, irlandaises). Particularités de ces embouteillages : ils ne sont accessibles qu'aux membres (qui règlent une cotisation annuelle, les nouveaux devant être parrainés par des anciens), et l'étiquette ne mentionne pas le nom de la distillerie d'origine mais un code composé de deux numéros, le premier se référant à la distillerie et le deuxième indiquant le nième fût de la distillerie embouteillé par la Society (exemple : la bouteille 1.65 est issue du 65e fût sélectionné par la Society, provenant de la distillerie Glenfarclas). Y figure aussi un commentaire très imagé (et non sans humour), résumant le style du whisky, comme par exemple : « *a blacksmith at a barbeque* » (un forgeron au barbecue) ou encore « *relaxing in a tropical garden* » (se relaxer dans un jardin tropical).
Le siège de la Society se trouve à Edimbourg, « The Vault » à Leith, probablement les bâtiments commerciaux les plus vieux d'Écosse, dont les entrepôts servaient à stocker les fûts de vins, provenant notamment de Bordeaux, au XVe siècle. Mais la Society compte plusieurs ramifications et ambassades dans plus d'une quinzaine de pays, de l'Australie au Japon, en passant par l'Allemagne, la France et les USA. En 2004, elle est devenue la propriété du groupe Glenmorangie et utilise d'ailleurs sa chaîne d'embouteillage, et par conséquent celle de LVMH. En 2015, elle est rachetée par un groupe d'investisseurs privés.

La Grande-Bretagne n'est pas la terre exclusive des embouteilleurs indépendants, on trouve également de très belles maisons ailleurs. En Italie notamment, où l'intérêt pour les single malts a commencé bien avant ses voisins européens (hors Grande-Bretagne évidemment) dans les années 1960. Ce n'est pas un hasard si les plus grands collectionneurs en la matière sont transalpins ! Il était donc logique que certains amoureux du nectar écossais cherchent à s'approvisionner directement à la source.

- **Samaroli (Italie)** : Lorsqu'il crée sa société en 1968, Silvano Samaroli est un pionnier du genre, puisqu'il est à l'époque probablement le premier embouteilleur indépendant hors territoires anglophones. Sélectionnant des fûts provenant de différentes distilleries écossaises, ses dons sensoriels lui permettent de mettre la main sur de véritables trésors. Certains de ses embouteillages d'anthologique sont toujours recherchés aujourd'hui par les collectionneurs et peuvent donc atteindre des prix non moins anthologiques. En plus de sélectionner des single malts, cet homme se révèle également très bon assembleur, proposant des blended malts et des blends d'un excellent niveau. Depuis, une nouvelle garde a repris le flambeau sous ce même nom. Mais l'ombre (et surtout le nez) de M. Samaroli planne...

- **Silver Seal Whisky Company/Whisky Antique (Italie) :** ici aussi, nous avons un bel exemple de passage de témoin réussi, puisque Massimo Righi, le fondateur de Whisky Antique en 2006, reprend l'année suivante Silver Seal. Cette gamme n'est autre que l'émanation de Sestante, autre embouteilleur mythique de la fin des années 1990, fondée par Rino Mainardi, personnage haut en couleur qui sélectionna des single malts d'exception. Aujourd'hui, la qualité est toujours au rendez-vous et « Max » Righi à travers ses embouteillages, dont la fameuse « Sestante Collection », continue de nous révéler des pépites qui figureront sans nul doute au panthéon des Collectors.

- **Wilson & Morgan (Italie) :** Un nom à consonance britannique, mais un embouteilleur bel et bien italien, puisque cette maison a été fondée en 1992, par Fabio Rossi dont la famille était déjà dans le commerce du whisky dès les années 1960. Au début, Rossi sélectionne ses premiers fûts avec le concours de la maison écossaise Cadenhead, mais assez vite, il s'en charge lui-même en allant à la source, directement auprès des distilleries. Aujourd'hui, Wilson & Morgan fait partie des principaux acteurs du négoce transalpin et ses embouteillages sont réputés, notamment les vieillissements ou affinages en fût de sherry, ou encore ceux plus confidentiels mais ô combien locaux affinés en fût de Marsala !

- **The Nectar (Belgique) :** Basée à Heusden-Zolder et fondée en 2006 par Jan Broekmans et Mario Groteklaes, cette société d'importation de spiritueux a également une casquette d'embouteilleur indépendant, connue sous le nom The Daily Dram. Pratiquement tous leurs embouteillages proviennent de fût uniques (single cask) à quelques exceptions près : micro-assemblages de deux fûts et blended malts. Ils sont proposés soit au degré naturel, soit partiellement réduits. Ici aussi, de véritables pépites écossaises sont proposées aux amateurs. Depuis peu, les plus surprenantes viennent d'Irlande, avec des versions inédites pouvant rivaliser sans rougir avec certains poids lourds écossais.

L'Allemagne est sans doute l'un des pays où les amateurs de whisky sont les plus férus, notamment s'agissant des bouteilles rares et de collection.

- **The Whisky Agency (Allemagne) :** Cette société basée à Limburg, en Allemagne, a été fondée fin 2008 par Meike Schneider et Carsten Ehrlich. Ce dernier travaillait déjà dans le négoce puisqu'il était aux commandes de la fameuse boutique Mara (également située à Limburg) spécialisée dans les bouteilles rares et hors normes. Au pays des amoureux de la rareté, Ehrlich et son équipe sont également à l'origine d'un festival dédié : depuis 2002, le festival de Limburg est devenu le rendez-vous annuel incontournable des amateurs et des collectionneurs. Aujourd'hui, la fameuse enseigne Mara n'existe plus, mais The Whisky Agency permet aux amateurs d'avoir accès à une sélection de choix : certains flacons sont d'ores et déjà devenus mythiques. Tous leurs embouteillages, à quelques rares exceptions près, sont à la force du fût, au degré naturel. On peut noter que depuis peu, ce négociant s'est ouvert à d'autres spiritueux, comme le rhum.

GUIDE DE DÉGUSTATION

« Ah, une bonne marche dans le froid, la pluie, le vent, avant de retrouver la chaleur d'un pub. Bon Dieu ! C'est comme ça qu'il doit être bu, le whisky. L'âme des Highlands ! »
Propos recueillis par Michel LE BRIS, dans un pub de Grantown on Spey

Bien qu'on reconnaisse là une interprétation toute écossaise et pittoresque de la manière d'apprécier le whisky qui, ma foi, n'a rien de ridicule, pour pleinement apprécier son nectar préféré, il vaut mieux s'en remettre aux conseils qui suivent.

DÉGUSTATION ET CONVIVIALITÉ

Les Français sont certes les plus grands consommateurs de single malt écossais au monde, mais de leur propre aveu, tous ne maîtrisent pas l'art de la dégustation de ce noble spiritueux. Avant d'aborder les différentes techniques et exercices de dégustation, rappelons que la dégustation est avant tout un moment de détente, de convivialité et d'échange. Même lorsqu'il s'agit de dégustations professionnelles, on ne peut s'empêcher de s'enthousiasmer ou de débattre des qualités de tel ou tel whisky. Pour que nos sens puissent travailler correctement, il faut au préalable les placer dans de bonnes conditions. En effet, il faut veiller à ce que la pièce où se déroule la dégustation réunisse des conditions optimales, avoir des verres adaptés et être soi-même en condition. Il ne faut ainsi jamais négliger le facteur humain dans une dégustation.

Il n'est pas nécessaire de savoir apprécier ni même d'aimer le goût du whisky pour le déguster. Certains dégustateurs ou nez, qu'ils travaillent dans le vin, les spiritueux ou encore le café, n'aiment pas nécessairement la boisson qu'ils testent, analysent et décortiquent avec leurs sens quotidiennement. C'est plus l'envie de découvrir de nouveaux arômes, de nouveaux équilibres et de partager ces découvertes entre amis qui font l'intérêt de la dégustation tout comme la création d'un nouveau vocabulaire olfactif et d'une compréhension des techniques d'élaboration et de leurs impacts. Et bien évidemment, la récompense du dégustateur est dans l'émotion que lui procurent les grands whiskies.

LA QUESTION DU VERRE

Posséder des verres de dégustation est absolument essentiel pour déguster des whiskies de qualité. L'essence même du verre est de sublimer son contenant, par sa couleur et ses arômes, tout en assurant une bonne prise en main. Il est donc impératif de connaître les qualités et les défauts d'un verre de dégustation. L'image d'Épinal du consommateur de whisky est son verre rond et droit, le tumbler. Ce type de verre est à proscrire dans une dégustation : pourriez-vous y déguster un vin, par exemple ? La réponse coule de source : non, car il est très difficile de percevoir des arômes précis dans un verre droit. Beaucoup d'habitudes de consommation et de stéréotypes existent dans le monde des alcools. Le tumbler est en fait associé au consommateur de whisky se rendant dans un bar ou rentrant chez lui et se servant un whisky sur glace comme n'importe quel apéritif, ou bien l'allongeant d'eau gazeuse ou de soda. Pour ce type de consommation, ce verre est parfaitement adapté et complète d'ailleurs à merveille le shaker que l'on emboîte facilement pour mieux agiter le tout. Pour une dégustation, rangez vos tumblers et réservez-les aux amateurs de whisky soda ou de gin tonic.

Mais existe-t-il pour autant un verre idéal pour la dégustation de whisky ? C'est en tout cas ce que pensent certains fabricants de verres qui se sont lancés dans cette quête du Graal. Ils ont étudié la forme des verres, avec ou sans pied, de différentes épaisseurs, la circulation de l'air… Évidemment, ces divers projets ont été testés à l'aide de plusieurs types de whisky, des blends et des single malts essentiellement, pour chercher à en faire ressortir au mieux les arômes. Résultat : chaque verrier est arrivé à sa création originale – rivalisant d'idées intéressantes et innovantes dans la façon de déguster – et, étrangement, les verres développés sont tous très différents et ne ressemblent à aucun autre verre de spiritueux existant auparavant. Conclusion : tout comme les types de verre pour déguster les vins varient selon les terroirs, les millésimes et les âges, il n'existe pas un verre idéal à la dégustation de whisky. Néanmoins, au cours d'une dégustation, il est recommandé de n'utiliser qu'un seul type de verre afin de ne pas voir les appréciations influencées par sa forme.

LES QUALITÉS ESSENTIELLES D'UN VERRE

La première étape consiste à bien choisir son verre. Il doit comporter un col resserré, ou tout du moins se resserrer dans sa partie supérieure, afin de pouvoir concentrer les arômes en leur base. En effet, dans un verre droit, il est impossible de faire travailler son nez correctement. De même, un verre avec un col trop large par rapport à sa base ne permettra pas de concentrer suffisamment les arômes, alors qu'un col trop resserré concentrera certes les arômes, mais également trop fortement les vapeurs d'alcool, ce qui pourra littéralement agresser les cellules sensorielles du nez. Quant à la hauteur, elle est aussi question de proportion, mais on privilégiera des verres plutôt hauts. Reste enfin la question du pied. L'avantage du verre à pied est évident : en tenant le verre par son pied, on évite que le whisky ne se réchauffe dans le creux de la main.

Ainsi, le tumbler est plutôt à éviter. De même, le verre à cognac possède tout de même certaines caractéristiques essentielles et n'est pas non plus à proscrire dans l'absolu. On préférera le verre en forme de tulipe, comme le verre à dégustation de porto, de xérès ou de spiritueux que l'on retrouve dans les collections des plus grands verriers.

UN ENVIRONNEMENT NEUTRE

Pour pouvoir apprécier les qualités et les défauts d'un whisky, il faut veiller à ce que la dégustation se déroule dans un environnement neutre. Il est ainsi difficile de se concentrer dans un lieu bruyant et mal isolé. Il faut aussi prendre garde à la température de la pièce : l'alcool et les arômes supportent mal les températures élevées qui les dégradent, tandis qu'une température trop basse ne permet pas aux arômes de s'exprimer correctement. Des pièces comme le salon et la salle à manger conviennent donc parfaitement. La pièce ne doit pas être chargée en odeurs, car elles réagiraient avec les arômes du whisky. Ainsi, il faut éviter de déguster dans une cuisine où l'on est en train de cuire un plat, un salon chauffé au feu de cheminée ou décoré d'un bouquet de fleurs trop odorant. Au-delà du choix de la pièce, il est important de ne pas porter de parfums ou d'after-shave trop puissants – certains dégustateurs considèrent même

qu'il ne faut absolument pas se parfumer, car cela brouille la perception du nez. Même le parfum d'une autre personne peut perturber une dégustation. Il est également conseillé de ne pas fumer durant une dégustation « sérieuse » : la fumée marque à la fois la pièce et les vêtements, ainsi que le nez et la bouche du fumeur, qui perd ainsi son objectivité. D'ailleurs, il en va de même avec ce que nous mangeons ou buvons : tout plat, sauce,... ou encore café marque notre palais et agit sur notre perception. C'est pour cela que les professionnels privilégient la fin de matinée, moment de la journée où le nez et la bouche sont parfaitement réveillés, tout en conservant leur fraîcheur.

COMMENT DÉGUSTER ?

Une fois le cadre et les verres choisis, sans oublier bien sûr les whiskies, comment aborder la dégustation ? L'examen sensoriel suit des étapes logiques : la vue, le nez, le toucher et le goût. On peut même affirmer que l'ouïe participe également à cet examen sensoriel : déboucher la bouteille, verser le whisky et porter un toast, rituel de convivialité par excellence, font appel à notre ouïe et mettent les autres sens en éveil.

QUELLE QUANTITÉ POUR UNE DÉGUSTATION ?

Pour débuter, il faut verser 1,5 à 3 cl de whisky dans le verre de dégustation en fonction de sa taille : avec une quantité plus faible, le whisky aura du mal à s'exprimer dans le verre, avec une quantité plus importante, on aura alors du mal à faire tourner l'alcool dans le verre et le whisky ne pourra s'ouvrir correctement.

LA VUE

Quelles informations sur le whisky peut nous donner notre vue ? En effet, comme certains spiritueux vieillis en fût, nombre de whiskies sont colorés à l'aide de caramel. Ainsi, l'évaluation de la couleur du whisky ne peut nous donner de critère objectif, le producteur ajoutant quelques gouttes de colorant au moment de l'embouteillage pour atteindre le point d'obscurcissement désiré. Ainsi, le whisky coloré correspond à des critères esthétiques rassurant et flattant l'œil du consommateur, mais très certainement pas celui du dégustateur : un whisky – de même qu'un rhum ou encore un cognac – plus sombre donne l'impression d'être plus âgé ou plus mature. Il s'agit d'assurer l'homogénéité d'une cuvée à l'autre. Si la présence de colorant artificiel n'est pas une mention obligatoire sur la contre-étiquette en France, on peut toutefois lire sur certaines cette mention en allemand ou en néerlandais (*mit farbstoff* ou *met farbstoff*). Heureusement, on trouve depuis plus d'une décennie de plus en plus de single malts non colorés, que ce soit chez les négociants ou chez les marques à proprement parler. Ces embouteillages portent la plupart du temps la mention « couleur naturelle » (*natural colour*) ou « non coloré » (*non-coloured*). Ces single malts « authentiques » ont permis de véritablement jauger leur palette colorimétrique, s'étendant de l'incolore au noir en passant par l'or et l'acajou, en fonction du type de fût utilisé et de la durée de vieillissement. Pour bien évaluer la couleur d'un whisky, procédez de la même façon qu'avec un vin, en plaçant le verre devant une surface blanche, comme une feuille de papier par exemple. Ce premier examen donne une première indication concernant l'âge et plus précisément le type de fût utilisé. L'absence de coloration ou une couleur paille très pâle, avec des reflets verdâtres ou platine, correspond à un whisky plutôt jeune : le chêne n'a pas eu le temps de marquer la coloration. Le plus souvent, il s'agit de whisky vieilli en fût de chêne américain de second remplissage, mais on trouve aussi des whiskies vieillis en fût de chêne espagnol usagés qui peuvent faiblement les colorer. Dans de très rares cas, certains fûts de troisième remplissage ne donnent presque plus de coloration, surtout s'ils ne sont pas retravaillés. Il est même possible de trouver des whiskies âgés de plus de 20 ans dans cette catégorie. Une couleur dorée indique ainsi une interaction plus importante entre le whisky et le chêne. Il s'agit la plupart du temps d'un vieillissement dans des fûts de chêne américains ayant contenu du bourbon. L'intensité de la couleur ne va pas forcément de paire avec un âge avancé. Il faut savoir qu'un vieillissement prolongé dans des fûts de chêne américains, sauf dans le cas des whiskeys américains, ne donne pas une couleur acajou. Après 30 ou 40 années, le whisky y acquiert une belle couleur de vieil or aux reflets ambrés. En revanche, les whiskies vieillis en fût de chêne espagnol ayant contenu des vins de Xérès peuvent donner au whisky une couleur allant du cuivre à l'acajou, et même noire dans les cas les plus extrêmes. Les fûts ayant contenu de l'oloroso, un vin de Xérès à la couleur sombre, peuvent donner très rapidement une robe dense et sombre au whisky, même relativement jeune : chez Kavalan, la distillerie de Taïwan, les single casks de la série « Solist », issus de vieillissement en fût de sherry, la couleur acajou foncé est obtenue en quelques mois de vieillissement seulement ! Il s'agit le plus souvent de fûts de premier remplissage. Quant aux fûts de second remplissage, ils apportent au whisky des teintes moins marquées, plutôt de couleur ambrée.

Enfin, les vieillissements en fûts spéciaux et autres affinages peuvent donner des couleurs inédites. Le porto par exemple, qu'il s'agisse d'un affinage ou d'une maturation complète, apporte la plupart du temps une couleur allant du saumon au rouge en passant par le rose. Les fûts ayant contenu des vins rouges ont aussi tendance à faire évoluer la couleur du whisky vers des teintes plus chaudes. Faire tourner son verre permet également de contempler les jambes du whisky sur ses parois. Plus celles-ci sont épaisses et plus le whisky sera fort en alcool et gras en bouche.

LA COULEUR AU FIL DES MODES : il y a une quinzaine d'années, on trouvait encore aisément un single malt baptisé Loch Dhu noir et absolument opaque. Âgé de seulement 10 ans, sa couleur n'était pas due à son vieillissement remarquable, mais à un excès de colorant artificiel. Heureusement, ce procédé n'est plus autorisé, mais il a attiré un grand nombre d'amateurs. Deux décennies auparavant, certains whiskies portaient à l'inverse la mention « Extra Light » pour insister sur leur faible coloration. On peut en effet décolorer les spiritueux vieillis en fût à l'aide de charbon actif notamment, comme on le fait depuis plus d'un siècle dans le rhum comme le Bacardi Superior, vieilli jusqu'à deux ans puis décoloré. Ces procédés marketing sont heureusement aujourd'hui proscrits en matière de whisky.

LE WHISKY ET SES REFLETS : il est évidemment simple d'évaluer la couleur du whisky : il suffit pour cela d'en verser quelques centilitres dans un verre. Il faut également veiller à avoir un bon éclairage, comme la lumière du jour ou l'halogène qui donne une lumière dorée, et éviter les éclairages de lampes classiques (à la lumière trop orangée) ou de tubes néons (à la lumière trop froide, verdâtre). En inclinant légèrement le verre, on peut aussi observer les reflets, dorés, rougeâtres et parfois même verdâtres.

LE NEZ

Le nez est l'organe central de la dégustation, le palais ne sent d'ailleurs rien si notre nez est bouché. Beaucoup de personnes estiment ne pas avoir la sensibilité nécessaire pour déchiffrer les messages du whisky et ainsi pouvoir en décrire les arômes. Il n'y a pas de doute sur cette question d'un point de vue scientifique : 80 % des gens ont un nez exceptionnel, capable de ressentir des milliers de nuances. Certes, il y a toujours des personnes plus ou moins sensibles à certains arômes. Seuls 20 % de la population peut connaître quelques défaillances, en général très limitées. Quelles différences y a-t-il entre un nez exercé et un autre ? Selon les dernières recherches sur le sujet, ce n'est pas tant affaire de sensibilité que de compétence langagière. Ainsi, il ne suffit pas d'exercer son nez à sentir différents arômes ; il s'agit également d'éveiller d'autres fonctions de notre cerveau. Même si l'on fait des erreurs, il s'agit d'associer une odeur à un mot, afin d'exprimer le plus précisément possible la senteur. Parfois, il est évident que l'on manque de repères, mais il faut s'efforcer de décrire ce que l'on ressent par des lieux, des sen-

sations, des images… Toute dégustation gardant sa part de subjectivité, c'est en partageant des impressions communes que l'on atteint une certaine objectivité. Une fois les premiers arômes décryptés, il est alors plus facile d'en ressentir d'autres, comme si notre cerveau faisait le tri des informations que lui envoie notre nez.

Il y a quelques années (2006 ou 2007), l'auteur de ces lignes a eu la chance d'assurer la traduction des master classes de Charles MacLean, l'éminent spécialiste et historien incollable du whisky et accessoirement acteur dans le beau film de Ken Loach *La part des Anges*, lors du festival du whisky de Verviers en Belgique : au-delà de la traduction (qui peut s'avérer sportive dès qu'il s'agit des arômes), c'est aussi (et surtout) l'occasion d'acquérir un précieux savoir au contact de ce professeur émérite. Aux participants de cette masterclass qui demandaient comment perfectionner son « nez » pour la dégustation, il conseillait de s'exercer dans la vie de tous les jours en sentant tout ce qui constituait l'environnement de leur quotidien (et même les poubelles, expérience que lui-même pratiquait !). Je dois dire que depuis, j'applique plus que jamais ces précieux conseils et cela fonctionne : si la mémoire tout court peut faire défaut, je suis toujours surpris de la vivacité de la mémoire olfactive, où le cerveau enregistre inlassablement toutes ces données souvenirs de notre vécu, et est prêt à nous les ressortir lors d'une dégustation, tel un archiviste qui sévirait dans la « bibliothèque olfactive » de notre crâne. Ah ces fameux commentaires de notes de dégustation qui faisaient référence au « pansement de chien propre » ou encore « à l'intérieur du sac à main de ma grand-mère » !

PREMIÈRE APPROCHE

Nos cellules sensorielles sont extrêmement sensibles et il ne faut jamais oublier que, quelle que soit l'intensité du parfum d'un whisky, se cachent derrière des vapeurs d'alcool. L'une des premières règles à respecter en matière de dégustation est de préserver son nez de toute brûlure due à ces vapeurs – ce qui le rendrait insensible. Dès que l'on ouvre la bouteille ou que l'on verse le whisky dans le verre, les premiers parfums se dégagent : en entrant en contact avec l'air, l'alcool et les parfums se libèrent. Une fois le premier examen visuel terminé, il convient de rapprocher le verre de son nez, tout en observant une certaine distance afin d'accoutumer le nez aux vapeurs d'alcool et aux arômes. Certains effluves sont d'ailleurs particulièrement volatils et ont une durée de vie extrêmement brève. Pour les capter, il faut placer son nez à l'aplomb du verre. Certains grands dégustateurs comme les maîtres assembleurs et les maîtres de chais préconisent de placer d'abord le verre au niveau du ventre pour s'imprégner des effluves les plus volatils, puis de rapprocher progressivement et lentement le verre au niveau du torse, puis de la gorge et enfin seulement du nez. Évidemment, il convient de faire tourner le whisky dans le verre afin de l'aérer. Toutefois, au moment des premières aérations, il ne faut pas immédiatement sentir le verre, et veiller d'abord à laisser les vapeurs d'alcool s'échapper. On inspire alors par petites touches, afin de déceler les premiers arômes. On remarque ainsi une sensation de fraîcheur ou de chaleur au nez qui sert à caractériser un whisky. En l'aérant davantage, on sent les premières évolutions des arômes. Les notes les plus éphémères et les plus fragiles sont les senteurs fleuries, ainsi que certaines notes végétales. Dans un second temps, on retrouve les notes fruitées, épicées et boisées… Un whisky aux accents particulièrement fruités ou épicés dévoilera plus difficilement des notes fleuries, souvent dominées.

COMMENT DÉCELER DES ARÔMES DIFFÉRENTS ?

L'une des meilleures façons d'apprendre à déceler les arômes est d'essayer, dans un premier temps, de définir à quelles familles ils appartiennent, puis d'arriver à les déterminer plus précisément. Pour cela, il est bon d'avoir en tête les familles d'arômes que l'on retrouve généralement dans le whisky, comme les met en évidence la roue des arômes :

• arômes céréaliers : bière, biscuit, blé, bouillie d'orge, brioche, cake, lait, maïs, malt, orge, pain grillé, seigle ;

• arômes phénoliques : bâton de réglisse, caoutchouc brûlé, cendres, encens, feu de bois, goudron, grésil, iode, macadam, médicinal, poisson fumé, racine, terre humide ;

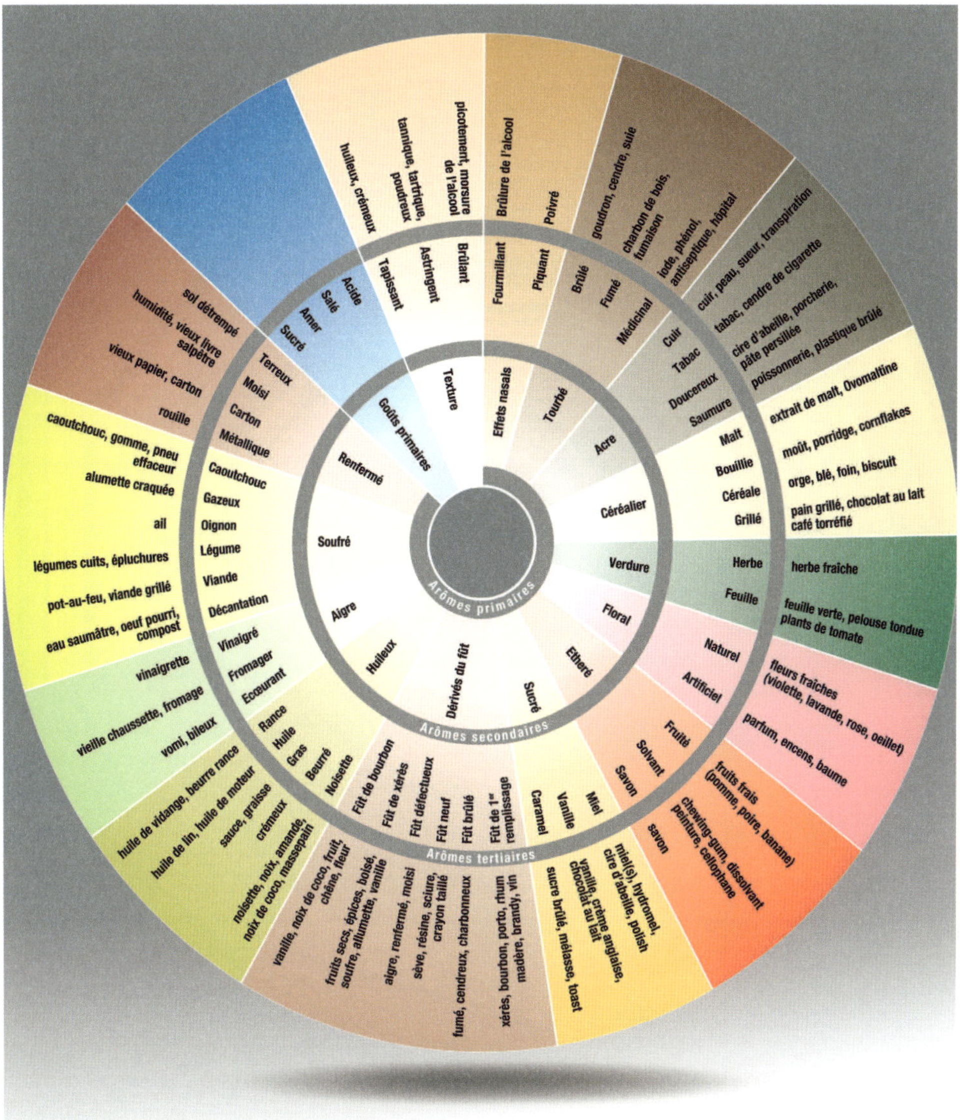
Arômes primaires
Arômes secondaires
Arômes tertiaires
Goûts primaires
Acide
Salé
Amer
Sucré
Texture
Tapissant
Astringent
Brûlant
huileux, crémeux
tannique, tartrique, poudreux
picotement, morsure de l'alcool
Effets nasals
Fourmillant
Piquant
Brûlure de l'alcool
Poivré
Tourbé
Brûlé
Fumé
Médicinal
goudron, cendre, suie
charbon de bois, fumaison
iode, phénol, antiseptique, hôpital
Acre
Cuir
Tabac
Doucereux
Saumure
cuir, peau, sueur, transpiration
tabac, cendre de cigarette
cire d'abeille, porcherie, pâte persillée
poissonnerie, plastique brûlé
Céréalier
Malt
Bouillie
Céréale
Grillé
extrait de malt, Ovomaltine
moût, porridge, cornflakes
orge, blé, foin, biscuit
pain grillé, chocolat au lait café torréfié
Verdure
Herbe
Feuille
herbe fraîche
feuille verte, pelouse tondue plants de tomate
Floral
Naturel
Artificiel
fleurs fraîches (violette, lavande, rose, oeillet)
parfum, encens, baume
Etheré
Fruité
Solvant
Savon
fruits frais (pomme, poire, banane)
chewing-gum, dissolvant peinture, cellophane
savon
Sucré
Miel
Vanille
Caramel
miel(s), hydromel, cire d'abeille, polish
vanille, crème anglaise, chocolat au lait
sucre brûlé, mélasse, toast
Dérivés du fût
Fût de bourbon
Fût de xérès
Fût défectueux
Fût neuf
Fût brûlé
Fût de 1er remplissage
vanille, noix de coco, fruit, chêne, fleur
fruits secs, épices, boisé, soufre, allumette, vanille
aigre, renfermé, moisi
sève, résine, sciure, crayon taillé
fumé, cendreux, charbonneux
xérès, bourbon, porto, rhum madère, brandy, vin
Huileux
Rance
Huile
Gras
Beurré
Noisette
huile de vidange, beurre rance
huile de lin, huile de moteur
sauce, graisse
crémeux
noisette, noix, amande, noix de coco, massepain
Aigre
Vinaigré
Fromager
Ecœurant
vinaigrette
vieille chaussette, fromage
vomi, bileux
Soufré
Caoutchouc
Gazeux
Oignon
Légume
Viande
Décantation
caoutchouc, gomme, pneu effaceur
alumette craquée
ail
légumes cuits, épluchures
pot-au-feu, viande grillé
eau saumâtre, oeuf pourri, compost
Renfermé
Terreux
Moisi
Carton
Métallique
sol détrempé
humidité, vieux livre salpêtre
vieux papier, carton
rouille

• arômes fruités : agrumes (citron, orange, pamplemousse), fruits à chair blanche (poire, pomme), fruits à chair jaune (abricot, pêche), fruits exotiques (ananas, banane, fruit de la passion, mangue, noix de coco), fruits rouges (cassis, fraise, framboise, myrtille), fruits secs (raisin);
• arômes de fruits secs : arachide, noisette, noix, pâte d'amande, praline ;
• arômes herbacés et floraux : feuilles, fleurs blanches, foin, foin coupé, géranium, herbe fraîche, herbe sèche, iris, lilas, menthe, muguet, rose ;
• arômes pâtissiers : cannelle, caramel, toffee, vanille ;
• arômes boisés : boîte à cigares, cèdre, chêne, épices, sève de pin, sciure ;
• arômes vineux : en fonction des fûts, notes de xérès (fino, oloroso), de madère, de porto, mais aussi de bourgogne, de chardonnay, de cognac.

Il ne faut évidemment pas oublier les défauts que l'on peut rencontrer en dégustant des whiskies, en veillant à les définir précisément. En effet, il existe des arômes âcres et repoussants que l'on peut immédiatement classer dans cette catégorie. Mais ne se surprend-on pas, surtout en France, à aimer les odeurs fortes de certains mets, comme celles des fromages, alors que l'on n'apprécierait peu de retrouver de tels arômes dans son verre ? Diverses senteurs contribuent à l'équilibre aromatique de certains whiskies, et les avis des dégustateurs divergeront alors : c'est aussi cela qui fait la magie de la dégustation. Les professionnels retiennent un certain nombre de ces arômes âcres et repoussants, comme les notes soufrées d'une allumette, les notes écœurantes de ranci ou de fromages, voire de plastique brûlé…
Quelques gouttes sur la main. La concentration en alcool des whiskies et des spiritueux est telle que l'on peut en révéler certaines facettes en en versant quelques gouttes au creux de ses mains ou sur son poignet, à l'instar des parfums. Cette technique bien connue des dégustateurs professionnels fait ressortir les arômes céréaliers, maltés de l'orge par exemple, avec des impressions de chais de vieillissement. Évidemment, il existe un très grand nombre de nuances possibles, mais cela permet aussi de jauger du niveau de

tourbe d'un whisky. On peut également ressentir des impressions marines, d'iode et de sel. Ces quelques gouttes agissent donc comme un révélateur des matières premières utilisées pour fabriquer le whisky et de son environnement de vieillissement. Cela permet aussi de créer un contraste entre ce que l'on ressent sur sa main et dans le verre.

PREMIER ET SECOND NEZ

On distingue essentiellement deux phases pour le nez. Le premier nez correspond aux arômes que l'on ressent avant d'avoir « dégusté » à proprement parler, c'est-à-dire avant d'avoir porté en bouche le whisky. Ainsi, si l'on évite de manger ou de fumer préalablement, on peut considérer que la bouche reste relativement neutre, ce premier nez est alors marqué par le ressenti pur des effluves se dégageant du verre. En effet, une fois le whisky porté en bouche, il s'exprime également dans notre nez à travers la bouche par voie rétro-nasale. Le second nez se distingue du premier, car il consiste en une combinaison des effluves du verre et des arômes persistants dans la bouche ou la gorge. Il est d'ailleurs très difficile, même à l'aide d'un verre d'eau, d'éliminer parfaitement cette rétro-olfaction persistante. C'est une des raisons pour lesquelles il faut prendre son temps, ouvrir le whisky et faire travailler son nez avant de porter le whisky en bouche, car ce premier nez se révèle particulièrement éphémère.

AVEC UN TRAIT D'EAU ?

À la question récurrente : peut-on ajouter un trait d'eau dans son whisky ? la réponse n'est pas si évidente. Tout d'abord, de quelle eau s'agit-il ? En effet, l'eau du robinet est souvent impropre à un mélange avec du whisky, car elle possède un goût trop marqué qui nuirait à la qualité du whisky. De même, la plupart des eaux minérales ne conviennent pas, car bien que l'on y soit habitué, celles-ci ont des goûts distincts et également marqués. Il faut donc veiller au préalable à trouver une eau adaptée, les meilleures étant sans nul doute les eaux écossaises comme la Speyside Glenlivet ou la Gleneagles, mais on peut aussi trouver des eaux ayant des qualités proches en

France : faibles quantités de résidus secs et présence accrue de calcium permettant de neutraliser le goût. Volvic et Cristalline conviennent donc parfaitement, si l'on ne peut se procurer les eaux écossaises déjà mentionnées. Cette eau peut évidemment être légèrement rafraîchie. De plus, si l'on souhaite disposer d'un verre d'eau à côté de son verre de dégustation, il est fortement conseillé d'utiliser la même eau.
D'une manière générale, éviter les eaux fortement minéralisées et les eaux riches en sodium et en magnésium, choisir une eau au pH relativement neutre.

QUELS SONT LES EFFETS D'UN AJOUT D'EAU DANS LE VERRE ?

La dilution du whisky n'a pas que pour effet de réduire le taux d'alcool dans le verre. L'eau agit plus profondément sur le whisky et influence toute sa matière, qu'il s'agisse du taux d'alcool, de sa texture ou de ses odeurs. Évidemment, un trait d'eau coupe toute agressivité et évite une brûlure du nez par les vapeurs d'alcool. Il en va de même pour la bouche, la langue et le palais qui sont tout naturellement moins agressés par un whisky dilué que pur. Mais il ne faut jamais oublier que l'eau sert aussi de révélateur d'arômes. En effet, le fait d'ajouter simplement quelques gouttes d'eau dans le verre intensifie les arômes et facilite l'analyse olfactive. Il faut toujours garder à l'esprit que c'est un nouvel équilibre qui se forme et que tous les arômes ne sont pas intensifiés de la même manière. On ne déguste donc pas tout à fait la même chose lorsque l'on a à la fois un whisky pur et un whisky dilué, bien qu'ils proviennent de la même bouteille. L'eau modifie la texture du whisky, on s'en doute. Un exemple frappant est de voir le whisky se troubler dès que l'on y verse quelques gouttes d'eau – ce qui est valable pour les whiskies non filtrés à froid (pour simplifier, à partir de 46 % vol.). Les corps gras précipitent donc dans le verre ; c'est d'ailleurs ce qui provoque la libération des arômes.

L'AJOUT D'EAU EST-IL TOUJOURS BÉNÉFIQUE ?

Avant de répondre à cette question, il faut d'abord comprendre que l'ajout d'eau complète une dégustation. On peut donc verser de l'eau une fois la couleur et les reflets observés, et il est préférable de ne pas ajouter d'eau pour le premier nez. Il arrive qu'un whisky soit trop fermé et ait besoin simplement d'une goutte d'eau pour s'ouvrir. Il est toujours intéressant de constater l'évolution d'un whisky une fois dilué, tant au nez qu'en bouche, et de comparer le whisky avant et après dilution. Tout le monde ne peut pas apprécier des whiskies à fort degré, du moins sans entraînement, et l'eau permet alors de rendre le whisky accessible aux personnes peu habituées à déguster des spiritueux purs. Dans notre culture française dominée par la dégustation de vin, il paraît même essentiel de diluer un peu son whisky, car nous avons acquis des réflexes pour une boisson ne titrant qu'une quinzaine de degrés d'alcool au mieux, et, par conséquent, notre nez et notre bouche pourraient être agressés par l'alcool sans même que nous nous en apercevions. Il ne faut jamais oublier que certains whiskies sont de véritables œuvres d'art et que l'ajout d'une goutte d'eau peut en détruire la structure et la beauté comme une tache de peinture incongrue au milieu d'un tableau. Il n'existe pas de règle absolue.

LE MIZUWARI

Au Japon, l'une des manières les plus populaires de consommer son whisky est de le boire en « mizuwari » (littéralement, mélangé avec de l'eau) : verser une mesure de whisky dans un grand verre de type « tumbler » dans lequel on aura mis au préalable des glaçons, de remuer à l'aide d'une cuillère à cocktail, d'y rajouter ensuite d'autres glaçons et d'y verser deux mesures d'eau (on peut varier d'une à quatre), on remue encore le tout. Connaissant les effets de l'eau sur le whisky, une telle dilution peut sembler provocatrice et même blasphématoire. Mais il faut remettre les choses dans leur contexte : au Japon, le mizuwari accompagne les repas et sa fraîcheur se laisse agréablement apprécier par forte chaleur. Bien sûr, il ne s'agit pas de boire n'importe quel whisky en mizuwari, on évitera un single malt onéreux (quoique…) et on s'orientera plutôt vers un blend de qualité. L'expérience est surprenante pour l'amateur occidental tant on apprécie encore, malgré la glace et l'eau, certains arômes et saveurs. Notamment si l'on a choisi un whisky aux accents tourbés. Lors d'une visite à la distillerie Talisker, il y a une quinzaine d'années, quel ne fut notre étonnement lorsque le manager alors en poste de la distillerie, Alastair Robertson, nous expliquait qu'il appréciait son Talisker 10 ans allongé avec 2 mesures d'eau pour 1 mesure de whisky… un mizuwari à l'écossaise ?

COMMENT PROCÈDE-T-ON ?

Une bonne dilution réduit la force alcoolique et révèle les arômes, tandis qu'une mauvaise dilution casse totalement l'équilibre aromatique et la matière en bouche, faisant apparaître des défauts (trop boisé, trop simple…). La première question est de savoir si l'on doit allonger le whisky d'eau. Attendez d'abord quelques instants si vous trouvez le whisky trop fort au nez, le temps que les vapeurs d'alcool les plus agressives s'évaporent. Si cela ne suffit pas, agitez davantage votre verre. La plupart des whiskies à 40 % ou 43 % n'ont pas besoin d'être réduits, car ils l'ont déjà été lors de leur mise en bouteilles ; seules quelques minutes d'aération suffisent.

ENTRAÎNER SON NEZ

Il existe plusieurs exercices intéressants qui ne nécessitent qu'un whisky. Ils permettent à la fois d'exercer son nez et de démontrer l'influence du verre, de la quantité versée ainsi que celle de l'eau et du temps d'aération sur le parfum d'un whisky. Pour cela, munissez-vous de verres de tailles différentes. Il est préférable d'utiliser des verres à dégustation de spiritueux, mais des verres à vin peuvent suffire.

1. L'effet de l'aération

Versez un volume de whisky dans un verre et travaillez-le pendant plusieurs minutes en l'aérant, comme si vous alliez le déguster. Après 10 ou 15 minutes, prenez un second verre identique et versez-y la même quantité de whisky : vous devriez constater des écarts notables entre les deux verres, même si *a priori* vous n'avez pas remarqué d'évolution dans le premier verre.

2. La forme et la taille du verre
Versez le même volume de whisky dans un grand et un petit verre. Même si les verres utilisés ont la même forme et ne diffèrent donc que par leur volume distinct, on remarque assez rapidement des différences entre les deux verres, pas tant sur les arômes, mais plutôt sur l'intensité. Par exemple, l'un révèle davantage des notes épicées alors que l'autre paraît plus fruité. Vous pouvez même utiliser dix sortes de verres différents : tous ou presque donneront des sensations uniques. La circulation de l'air n'est pas la même d'un verre à l'autre, ce qui explique en partie les écarts constatés, le whisky n'évoluant pas de la même manière. Ainsi, il y a plusieurs années, à l'occasion d'une dégustation, une même bouteille de Glenfarclas avait été servie dans des verres de type « copita » mais dont les parois étaient différemment bombées. Les arômes qui s'en dégageaient étaient si différents que l'on était convaincus qu'il s'agissait de deux whiskies bien distincts !

3. Le volume de whisky
Versez une mesure de whisky dans un premier verre et une demi-mesure dans un verre strictement identique. Là encore, vous devriez constater des écarts entre les deux verres. Un volume trop faible ne permet pas au whisky d'atteindre une intensité aromatique suffisante. Un volume différent joue sur la circulation de l'air et sur la surface de whisky en contact avec celui-ci. Si vous répétez l'opération avec des verres de plus grande ou plus petite taille, vous pourrez également constater certaines similitudes en fonction des tailles et volumes de whisky. Ceci permet aussi d'expliquer les variations d'un verre à l'autre au cours d'une dégustation à laquelle participent plusieurs personnes : si l'une déguste plus rapidement le whisky que d'autres, il n'évoluera pas exactement de la même façon.

4. L'effet de la dilution
Versez dans deux verres identiques le même volume de whisky, puis ajoutez un trait d'eau dans l'un des deux verres. Encore une fois, des différences apparaîtront. Vous pouvez d'ailleurs faire vous-même l'expérience de l'effet de la dilution : un verre sans ajout d'eau, le suivant avec un léger trait d'eau, un autre avec un tiers d'eau pour deux tiers de whisky et un dernier avec deux tiers d'eau pour un tiers de whisky. Dans ce dernier verre, l'effet révélateur de l'eau ne compte plus, car il y a surdilution : les arômes sont en quelque sorte noyés (quoi que, voir encadré p. 115). Dans le précédent, les arômes sont bien présents, mais leur évolution à l'aération sera moins marquée dans le temps. Dans ces deux verres, la sensation d'alcool est quasiment absente au nez. Dans les deux premiers, elle est évidemment plus sensible et les arômes sont plus précis. À vous de trouver la dilution qui vous convient.

5. À l'intérieur ou à l'extérieur
Une dégustation doit-elle se dérouler en intérieur ou en extérieur ? Faites vous-même l'expérience avec un whisky d'une certaine qualité : commencez à le déguster en intérieur et après quelques minutes, poursuivez la dégustation à l'extérieur. Pour des whiskies particulièrement riches et concentrés en arômes, la différence est immédiatement perceptible. Le whisky peut indiciblement parfumer une pièce, tandis que le grand air l'aérera rapidement. On dit d'ailleurs que les whiskies marins, whiskies des îles ou côtiers, s'expriment mieux lorsqu'ils sont dans leur environnement, c'est-à-dire dégustés en bord de mer. Une expérience qui peut paraître insolite, mais qui donne des résultats surprenants. Les dégustateurs les plus chevronnés auront donc remarqué qu'un whisky n'évolue pas nécessairement de façon strictement identique d'un lieu à l'autre, en fonction de son environnement, de son aération… Tout ceci pour démontrer qu'il n'existe pas de règle absolue en matière de dégustation, mais qu'il vaut mieux connaître certains effets pour mieux appréhender la dégustation et entraîner son nez. Deux autres types d'exercices sont également essentiels. Le premier est de bien mémoriser les arômes et d'en découvrir de nouveaux dans la vie quotidienne pour faire évoluer son registre, son vocabulaire aromatique. L'autre exercice indispensable pour mieux

discerner les arômes est de travailler par comparaison, à l'instar des nez des grands parfumeurs. Rien de tel en effet, une fois que l'on connaît les différentes techniques de dégustation, que de déguster plusieurs whiskies simultanément pour en découvrir les similitudes et les différences. On peut par exemple prendre un même single malt, mais à des âges divers, des affinages distincts ou bien encore des whiskies du même âge, mais de distilleries différentes. Cela permet également d'aiguiser sa curiosité, de découvrir de nouveaux whiskies et de nouveaux arômes… et très souvent d'éveiller une passion pour le whisky !

LA BOUCHE

Bien qu'un premier nez puisse être des plus enthousiasmants, la bouche peut encore surpasser ces premières sensations olfactives. En effet, le fait de porter le whisky en bouche amorce la phase la plus complexe en terme sensoriel. Non seulement le goût, mais aussi le nez et le toucher sont utilisés durant cette phase.

LE GOÛT

Nous le savons tous, encore faut-il le rappeler en matière de dégustation de whisky, nous possédons des papilles sur notre langue qui permettent de détecter quatre goûts : le sucré sur le bout de la langue, l'acide au milieu et bords arrières de la langue, le salé sur les côtés avants de la langue et l'amer à l'arrière de la langue. Tous ces goûts sont présents dans le whisky. L'amertume est particulièrement présente dans les vieux whiskies ; une amertume intense, à la manière des chocolats noirs, confère longueur et puissance à la bouche d'un whisky, mais peut se révéler désagréable lorsqu'elle est associée à des notes soufrées, par exemple. C'est un point essentiel qui fait la rareté des grands whiskies âgés et boisés, car il suffit d'une fausse note pour littéralement réduire à néant un whisky fin, complexe et riche en bouche. Mais en aucun cas l'amertume ne peut être considérée au préalable comme un défaut de bouche. C'est la combinaison des goûts et des saveurs qu'il faut plutôt juger. N'oublions pas que les alcools amers sont légions, qu'il s'agisse de digestifs ou de liqueurs apéritives. Il en va de même pour l'acidité qui peut donner une intensité particulière à la bouche, quoique plus éphémère. Elle peut être le complément parfait du sucré, surtout associée à des saveurs fruitées, pour donner une impression acidulée en bouche à la manière d'un bonbon. En tant que tel, le whisky n'est pas un alcool liquoreux et sucré. Il est d'ailleurs interdit d'y ajouter du sucre. La sensation sucrée que l'on ressent en bouche est souvent liée à la présence d'alcool.

La notion de salé dans le whisky fait grand débat. Non qu'elle ne soit pas présente dans certains whiskies : bien au contraire, c'est surtout son origine qui posent problème. En effet, le caractère salé d'un whisky ne peut exister à travers la distillation. Serait-ce alors le lieu de vieillissement des fûts qui pourraient laisser le sel s'infiltrer à travers le chêne ? L'idée est des plus séduisantes, car les notes salées se trouvent avant tout dans les whiskies des îles ou côtiers… mais il paraît peu probable que le sel puisse, malgré les années, arriver à passer à travers le fût pour se retrouver dans le whisky. Le chai n° 1 de la distillerie Bowmore a relancé le débat : situé en dessous du niveau de la mer, ce célèbre chai possède des murs de plus d'un mètre d'épaisseur pour résister aux assauts de la mer. On constate sur ses parois que le sel a réussi à transpirer à travers le mur. De même, le chai n° 13 de Glenmorangie, le fameux Cellar 13, qui a donné lieu à une série limitée, est proche de la mer et est reconnu pour donner un caractère salé au whisky qui y vieillit. Mais on peut aussi déceler un goût salé dans des whiskies élaborés dans les terres d'Écosse… La question reste donc ouverte. Il existe une façon très simple de mieux se concentrer sur le goût : en se pinçant le nez, les arômes ne sont plus perçus. Une technique qui ne fera pas nécessairement des émules.

UN CINQUIÈME GOÛT ?

Dernier point à soulever concernant le goût, qui est venu s'immiscer dans le débat avec l'arrivée des whiskies japonais : la présence d'un cinquième goût. Cette question dépasse bien entendu la question de la dégustation du whisky, mais apporte un nouvel éclairage sur notre perception des goûts. La culture gastronomique japonaise reconnaît en effet l'existence du neutre ou umami, un goût particulièrement développé dans la cuisine nippone. Difficile pour nous autres Occidentaux de concevoir l'existence de ce cinquième goût, qui ne fait pas partie de notre gastronomie et qui fait à présent débat dans la communauté scientifique. Le neutre apporterait un nouvel équilibre des saveurs et contrasterait avec les quatre saveurs, permettant la naissance d'un goût parfait en bouche. Difficile d'en juger si l'on n'a pas eu l'expérience de la gastronomie telle qu'elle a été développée au Japon. Le mieux pour s'en rendre compte reste d'aller dans l'archipel nippon et d'y goûter des plats traditionnels réalisés à partir des ingrédients locaux et frais… C'est probablement l'un des charmes de l'Orient, mais il n'en demeure pas moins que les whiskies sont élaborés et assemblés par des personnes marquées par leur patrimoine gastronomique. Leurs conceptions et leurs recherches du bon ou du sublime sont très certainement divergentes à cause de ces référentiels différents. Les alcools font bien évidemment partie de la gastronomie et de la culture d'une région et d'un pays, un fait à ne jamais oublier lors d'une dégustation.

LE TOUCHER

Le toucher joue un rôle primordial dans la dégustation. Les amateurs de cigare le savent bien : les sensations de la langue, des lèvres ou encore des gencives et du palais contribuent au plaisir du dégustateur. La première gorgée est en cela des plus délicates. Une agression par l'alcool en bouche risquerait de nous déconcentrer et donc de réduire notre sensibilité, gâchant les arômes et le goût. Il est donc préférable d'accoutumer la bouche au whisky en prenant une première gorgée très légère et de faire passer le liquide sur l'ensemble de la bouche : la langue, le palais et les gencives. Cette première gorgée nous renseigne tout d'abord sur la température du whisky – idéalement à température ambiante ou légèrement rafraîchi – et sur sa texture. Texture qui prendra d'ailleurs toute sa dimension tout au long de la dégustation. Les whiskies peuvent être très maigres comme très gras en bouche, ou alors visqueux ou plus ou moins secs, voire astringents. Ils peuvent aussi se révéler instables, un whisky pouvant devenir de plus en plus sec au fil des gorgées, donc au fur et à mesure qu'il tapisse la bouche. Enfin, il peut également se révéler crémeux en bouche ou alors légèrement effervescent sur la langue.

LES ARÔMES DE LA BOUCHE

On dit souvent que la qualité des grands alcools dépend de l'équilibre entre les arômes du nez et ceux de la bouche. C'est un point de vue prédominant, mais qui laisse peu de place à la surprise en bouche. Ce n'est fort heureusement pas toujours le cas en matière de whisky, car des différences notables peuvent exister. Cela s'explique notamment par le fait que porter le whisky en bouche nous permet de percevoir différemment les arômes, par voie rétro-nasale. Certes ce sont toujours les mêmes cellules nerveuses qui travaillent, mais le contact du whisky en bouche n'est pas neutre. Notre salive, par exemple, agit sur les arômes. De même, le whisky arrive en bouche avec l'alcool qui donne une autre intensité aux arômes. Une fois en bouche, il convient de le garder de longues secondes afin de mieux le décrypter et de le laisser évoluer. En avalant précipitamment le whisky, on risque de rompre le dialogue qui se met alors en place entre le produit, la langue et le nez. On peut ainsi garder des whiskies particulièrement riches et intenses plus d'une minute en bouche afin d'en ressentir toutes les nuances. Par ailleurs, la quantité de whisky absorbée n'est pas non plus neutre et influe sur l'intensité en bouche. On peut aussi prendre une petite gorgée et, à l'instar des dégustateurs de vins, inspirer de l'air pour apporter davantage d'oxygène afin d'intensifier les arômes. Cette pratique nécessite une grande habitude, car l'on risque une fois de plus de se brûler avec l'alcool qui est alors vivifié : il ne faut jamais oublier qu'il existe un grand écart entre un vin à 12 % vol. et un whisky à 40 % vol., de même qu'il existe encore une différence considérable entre ce même whisky et un whisky brut de fût pouvant dépasser les 60 % vol. L'expérience permet également de savoir où porter le whisky en bouche. En effet, un grand nombre de personnes se contentent de garder le whisky sur le milieu de la langue, alors qu'il faut le faire tourner en bouche pour l'aider à se développer. Aussi, porter le whisky sur le devant de la bouche agit sur notre perception des arômes : des notes plus fruitées par exemple peuvent alors apparaître.

LA RÉTRO-OLFACTION

Une fois le whisky avalé, les arômes continuent de s'exprimer et d'évoluer en bouche pendant plusieurs secondes, voire plusieurs minutes. La tourbe, par exemple, peut monter en intensité à ce moment de la dégustation, tout comme les arômes de chêne ou encore les épices. Une petite gorgée d'eau permet aussi de redonner une certaine intensité à ces arômes avant de nettoyer la bouche.

LE VERRE VIDE

Contrairement à ce que l'on pourrait croire de prime abord, la dégustation ne s'achève pas une fois le verre vide. Le whisky a en effet laissé son empreinte dans le verre. L'alcool s'étant évaporé, il ne reste dans le verre que des résidus secs riches en arômes. On doit alors continuer de sentir le verre pendant plusieurs minutes, afin d'en déceler les arômes et d'en suivre l'évolution. On peut évidemment recouvrir le verre pour en faciliter la concentration. On ressent alors toute la profondeur du whisky, ses notes boisées, fumées ou épicées. Si vous avez dégusté un whisky chez vous, en fin de soirée, vous verrez qu'en laissant le verre vide toute la nuit, le lendemain matin, en y approchant votre nez, vous retrouverez ses extraits secs, notamment si le whisky est tourbé. Aussi, pour poursuivre la dégustation avec un autre whisky, il est impératif de rincer sa bouche à l'aide d'un grand verre d'eau pour ne pas se laisser influencer par le précédent, mais également de nettoyer abondamment le verre si l'on ne peut en changer.

LES ALLIANCES

Au vu de la richesse aromatique des whiskies, il est évidemment tentant de vouloir les associer à différentes saveurs, afin de créer des accords inédits. La dégustation d'un whisky ne se résume donc pas qu'à un examen sensoriel et peut se prolonger par une rencontre inédite avec différents mets et cigares.

LES ALLIANCES AVEC DES METS

Depuis très longtemps, les Irlandais savent marier leurs whiskeys avec du saumon fumé et les Écossais avec leur plat national, le *haggis* (panse de brebis farcie). On retrouve également un grand nombre de recettes où le whisky joue le

rôle d'ingrédient, que ce soit pour des sauces ou bien encore des marinades. Mais son utilisation est bien plus variée, comme le prouve avec ses recettes Martine Nouet, une spécialiste en la matière, depuis de nombreuses années. Ces alliances sont particulièrement intéressantes pour l'amateur de whisky, car elles jouent sur les dominantes aromatiques et les typicités de chaque single malt. Les accords les plus évidents entre single malts et mets sont inspirés par le terroir écossais. Dès lors que l'on a goûté un certain nombre de whiskies côtiers ou des îles, on remarque que tous ou presque possèdent un caractère marin, plus ou moins salé et iodé. Ainsi, la présence de ces arômes créera le lien indispensable entre whisky et mets. Les single malts de l'île d'Islay, où l'influence marine est des plus remarquables, s'associent volontiers aux poissons et aux fruits de mer. Si le whisky choisi est particulièrement tourbé, on ne le servira pas avec du poisson fumé, pour éviter la surenchère. Osez le contraste avec un whisky plus léger au profil iodé et fruité. On ne peut que vous recommander d'essayer de flamber vos gambas ou noix de saint-jacques avec un Laphroaig ou un Bowmore, mais un simple déglaçage sera encore plus efficace, le flambage favorisant une évaporation trop rapide de l'alcool. Nul besoin de se lancer dans des recettes trop élaborées, une simple pulvérisation de whisky tourbé sur une salade de betterave pourrait vous surprendre. Lors d'un dîner avec des confrères japonais, une glace à la vanille avait été servie en dessert et l'un d'eux, qui avait dans son verre un whisky moyennement tourbé en versa une cuillerée dessus : un colonnel revisité façon shogun !

Cherchant à révéler les spécificités de leurs single malts à travers des associations inédites, les Classic Malts ont développé, en collaboration avec des grands chefs, tout un concept d'apéritif dînatoire associant mets et whisky. Ce jeu des associations vise à surprendre les amateurs en les invitant à découvrir des sensations inédites et quasi infinies. Nous aurions plutôt tendance à associer fromages et vins, mais démonstration est faite aujourd'hui que le whisky peut également s'inviter à table en même temps qu'un plateau de fromages. Certains whiskies tourbés s'associent très bien avec des fromages comme le roquefort. Les fromages à pâte dure, comme un gouda âgé, sont en général plus adaptés à ce type d'accords

que les pâtes molles : un rye américain avec un vieux cheddar ou un gouda de 30 mois. Des whiskies affinés en fûts de porto iront très bien avec des fromages à pâte persillée. Mais ici aussi, osez les contrastes : les mariages les plus inattendus peuvent se révéler surprenants ! Ainsi, lors d'une dégustation whisky-fromage, l'union entre la douceur d'un Redbreast 12 ans et la puissance de l'époisse, en théorie contre nature, s'est avérée être des plus gourmandes. Enfin, un parmesan s'associera très bien avec un Lowlands fruité et floral. Évidemment, le choix du pain n'est pas neutre.

UN DÎNER AU WHISKY

Est-il alors possible de remplacer le vin par le whisky à table ? En s'inspirant du travail de ces grands chefs amateurs de whisky, il est tout à fait possible d'accompagner chaque plat avec un whisky différent. C'est d'ailleurs ce qu'a initié Aberlour, avec la fête de la Saint-Hubert à laquelle participe un grand nombre de chefs étoilés : à chaque plat correspond une version différente de ce single malt du Speyside. À chaque fois, il faut veiller à servir le whisky dans les règles de l'art : température et dilution sont ici primordiales, et il est impératif de suivre la recette à la lettre. Notons qu'avant même cette influence de la gastronomie française, les Japonais accompagnaient leur repas de poissons avec du whisky servi en mizuwari.

ET EN DESSERT ?

Toute la difficulté des accords entre whisky et desserts, qu'il s'agisse de pâtisseries, de chocolats ou encore de caramels, réside non pas uniquement dans la recherche d'arômes servant de liants ou de contraste, mais également dans le respect des saveurs et des textures. En effet, l'une des premières règles en la matière est de proscrire l'abus de sucre pour mieux laisser les arômes se combiner en bouche et surtout éviter l'effet de satiété qui nuirait à la qualité de l'alliance. Les accords les plus faciles à réaliser chez soi se font autour du chocolat. Sur l'île d'Islay par exemple, une des spécialités locales est la mousse au chocolat au whisky tourbé. En effet, les arômes fumés des whiskies s'associent aisément avec des chocolats noirs. On peut aussi réaliser une glace au whisky tourbé et l'accompagner de caramel au beurre salé, le sel servant ainsi de lien dans ce cas précis. Enfin, on ne peut que vous inviter à tester chez vous des accords entre vos single malts et certaines tartes aux fruits ou encore entre des whiskeys américains et des chocolats.

WHISKY ET CIGARE

On garde souvent en tête l'image du fumeur de cigare prenant entre deux bouffées de fumée une gorgée de whisky. Mais les alliances entre whisky et cigare ne sont pas des plus aisées. En effet, l'amateur de cigares sait bien que chaque marque, chaque module, et même chaque cigare est unique. Par ailleurs, il faut prendre en compte le fait que notre bouche, notre langue et notre palais réagissent différemment lorsque l'on fume un cigare : d'une part les arômes envahissent littéralement la bouche et d'autre part, la fumée élève la température de la bouche. Pour réaliser de telles alliances, il vaut mieux s'y essayer en prenant plusieurs types de whisky : un bourbon ou un rye whiskey, un irish whiskey, un vieux blend ou un blend à fort degré, un single malt non tourbé vieilli en fût américain et un autre vieilli en fût espagnol et enfin un single malt des îles très tourbé. Il est particulièrement délicat d'imposer des alliances en matière de whisky et de cigare. Le meilleur moyen de trouver des accords originaux et plaisants est d'explorer par soi-même, en prenant comme point de départ ces six types de whisky, puis de progresser dans les styles pour lesquels les alliances se sont montrées les plus concluantes.

PORT
CHARLOTTE
BOURBON WHISKEY
SALVATORE

ALAMBIC : sorte de bouilloire en cuivre destinée à séparer et magnifier certains éléments d'un même produit, par chauffage puis refroidissement. L'alambic fut utilisé par les Arabes au xe siècle afin de produire des essences et des parfums. Plus tard, il fut introduit en Écosse pour la distillation de l'alcool.

ANGELS'SHARE : « la part des anges ». Évaporation naturelle de l'alcool à travers le fût au cours de l'élevage du whisky. Cette évaporation est estimée à 2 % par an.

BLENDED SCOTCH : whisky élaboré à partir d'un mélange de whisky de grain et de whisky de malt, sélectionnés au sein de nombreuses distilleries de grain et de malt.

BOOTLEGGER : En 1862 Abraham Lincoln prit la décision de réintroduire les taxes sur le whisky afin de financer l'effort de guerre des États de l'Union. C'est durant cette guerre que l'on vit apparaître les bootleggers qui vendaient du whisky de contrebande dissimulé dans les jambières (*legger*) de leurs bottes (*boot*) aux soldats nordistes et sudistes.

BOURBON BARREL : fût de chêne d'une capacité d'environ 180 à 200 litres. Construit à partir de douelles de chêne blanc américain, utilisé préalablement pour l'élevage du bourbon puis pour celui des scotch whiskies.

BOURBON : whiskey américain produit dans le Kentucky, élaboré à partir d'un minimum de 51 % de maïs, puis élevé en fût de chêne neuf américains.

CASK/BARREL/BUTT : termes désignant un fût de chêne.

CASK STRENGTH : « brut de fût ». Whisky mis en bouteilles à son degré naturel, sans ajout d'eau. Le degré peut atteindre plus de 60 % vol.

CHILL FILTRATION : « filtration à froid ». La température d'un whisky est ramenée à 0 °C-2 °C, afin d'en extraire le maximum d'acides gras à l'origine de l'aspect trouble des whiskies présentant un degré d'alcool inférieur à 46 % vol.

DRAM: Mot écossais désignant une mesure d'alcool. Passé dans le langage courant, il est employé surtout pour désigner un verre de whisky (notamment lors d'une commande au pub), « *wee dram* » indique ainsi un petit verre de whisky.

DRUM : Les drums sont des tambours rotatifs utilisés par les malteries dans lesquels l'orge une fois trempée est mise à germer.

EXTRA-MATURATION : période d'élevage pouvant varier de 3 à 24 mois en général, permettant d'affiner le caractère d'un whisky. L'« extra-maturation », ou affinage, est pratiquée au terme d'une période de maturation de plusieurs années dans des fûts ayant contenu du vin, du porto, du sherry ou du madère. Cette technique vise à étendre la palette aromatique des whiskies.

FIRST FILL : « premier remplissage ». Fût qui, après avoir été utilisé pour l'élevage du bourbon ou du sherry, est utilisé pour la première fois pour le vieillissement d'un scotch whisky.

GRIST : farine grossière obtenue après broyage du grain dans un moulin à l'issue du maltage de l'orge. Le grist est ensuite brassé avec de l'eau chaude dans une cuve, afin de produire un liquide sucré.

GRAIN WHISKY : whisky élaboré à partir de maïs ou de blé, distillé en continu dans un alambic à colonnes, élevé pour un minimum de trois ans en fût de chêne.

HOGSHEAD : fût d'une capacité d'environ 250 litres, reconstitué à partir de douelles d'ex-fûts de bourbon et de douelles usagées.

INDEPENDENT BOTTLING : « embouteillage indépendant » ou de négoce. Ces embouteillages sont réalisés à l'initiative d'une société privée qui achète en lot des fûts auprès des producteurs de whisky. Les mises en bouteilles sont souvent faites au fût par fût autour d'une thématique : single casks, cask stength, un-chill-filtered. L'identité visuelle de la gamme met en avant l'embouteilleur et sa spécificité, puis la distillerie.

IRISH WHISKEY : whiskey élaboré a partir d'un moût fermenté de céréales (maltées ou non maltées), distillé trois fois et vieilli pour un minimum de trois ans en fût de chêne en Irlande. Le degré minimum pour un irish whiskey est de 40 % vol.

MALT WHISKY : whisky élaboré à partir de 100 % d'une même céréale (l'orge pour l'Écosse), distillé dans des alambics en cuivre à pot et élevé pour une période de trois ans minimum en fûts de chêne.

OFFICIAL BOTTLING : « embouteillage officiel ». Il s'agit de mises en bouteilles faites à l'initiative de propriétaires de distilleries. Ces embouteillages se caractérisent par une identité visuelle très forte véhiculée par une étiquette et un flacon spécialement conçus pour la marque, mais aussi par l'étendue de la gamme proposée : Glenmorangie Original, Extra Matured, Extremely Rare, The Quarter Century.

PEAT : « tourbe ». Combustible utilisé pour le séchage de l'orge maltée destinée à la production des whiskies fumés des îles d'Islay et de Skye entre autres.

PURE POT STILL : élaboré à partir d'un mélange à 50/50 d'orge maltée et non maltée puis distillé trois fois dans des alambics pot still, le pure pot still est l'Irish whiskey traditionnel. Ses origines remontent au début du XVIIIe siècle. Il était alors produit à partir d'un mélange de céréales, essentiellement de l'orge maltée et non maltée, mais il pouvait également contenir un certain pourcentage de blé, d'avoine et de seigle. Il permit en son temps, de réduire les impôts sur le whiskey en contournant la taxe sur le malt. Aujourd'hui ce style de whiskey est produit au sein de la distillerie Midleton, située au sud de l'Irlande.

QUAICH : timbale à deux anses traditionnelle où l'on sert le whisky, notamment pour souhaiter la bienvenue à quelqu'un que l'on reçoit. Généralement en étain ou en inox, il peut se comparer en France au tastevin.

REFILL : en Écosse ou en Irlande, se dit d'un fût qui a déjà été utilisé au moins une fois pour faire vieillir le whisky (par opposition au first fill).

SINGLE MALT : whisky de malt provenant d'une seule et unique distillerie.

SINGLE CASK : mise en bouteilles d'un whisky issu d'un seul et unique fût.

VATTED/BLENDED MALT : single malts sélectionnés au sein de nombreuses distilleries de malts et mélangés entre eux.

SCOTCH WHISKY : whisky produit, élevé et embouteillé en Écosse, à partir de céréales, distillé dans des alambics et vieilli dans des fûts de chêne pour une période minimum de trois ans. Le degré minimum d'un scotch est de 40 % vol.

SHERRY BUTT : fût de chêne d'une capacité variant de 500 à 700 litres, utilisé pour l'élevage des vins de Jerez de la Frontera et les sherries. Il existe différentes variétés de vin de sherry : fino, manzanilla, amontillado, oloroso, pedro ximenez. Les ex-fûts de sherry les plus recherchés par les distilleries sont les olorosos et les pedros ximenez.

UN-CHILLFILTERED : « non filtré à froid ». Whiskies non filtrés à froid, afin de préserver le maximum d'acides gras, à l'origine d'une texture douce et soyeuse. Ces whiskies présentent généralement un degré égal ou supérieur à 46 % vol.

WHISKY : « eau-de-vie » de grain, d'un volume d'alcool minimum de 40 % vol., élevé en fût de chêne.

BIBLIOGRAPHIE

The Whisky Distilleries of The United Kingdom, Alfred BARNARD (1rst edition 1887), réédition 2007, Birlinn UK
The Malt Whisky Companion, Michael JACKSON 5th edition, 2003, Dorling Kindersley
Guide de l'amateur de whisky, Michael JACKSON, 2012, Solar
The Whiskies of Scotland, Michael JACKSON, 2001, Raincoast Book UK
Atlas mondial du whisky, Dave BROOM, 2011, Flammarion
Manuel du whisky, Dave BROOM, 2014, Flammarion
Malt Whisky Year Book 2014, Ingvar RONDE, Mag Dig Media Limited
The Science and Commerce of Whisky, Ian BUXTON & Paul S. HUGHES, 2013, RSC UK
Scotch Whisky A Liquid History, Charles MAC LEAN, 2005, Octopus Publishing Group UK
Malt, la noblesse du whisky, Charles MAC LEAN, 1998, Hachette
Wort Worms and Washbacks: Memoirs from a Stillhousse, John MC DOUGALL & Gavin D. SMITH, 2001, Neil Wilson Publishing UK
The Whisky Men, Gavin D. SMITH, 2005, Birlinn Limited UK
Peat Smoke and Spirits, Andrew JEFFORD, 2004, Headline UK
The Scotch Whisky Directory, Phillip HILLS, 2005, Mainstream Publishing UK
Whisky, l'indispensable, Marlène LEON et Alexandre VINGTIER, 2009, Flammarion
Goodness Nose, The Passionate Revelations of a Scotch Whisky Master Blender, Richard PATERSON & Gavin D. SMITH, 2008, Neil Wilson Publishing Limited UK
Single Malt Whisky, an Italian Passion, Umberto ANGELONI, 2001, Brioni Book UK
Scotch Missed, The Lost Distilleries of Scotland, Brian TOWNSEND, 1993, Neil Wilson Publishing Limited UK
Tales of Whisky and Smuggling, Stuart MC HARDY, 1991, Lochar Publishing UK
The Scotch Whisky Distilleries, Misako UDO, 2005, Distillery Cat Publishing
Canadian Whisky, Davin DE KERGOMMEAUX, 2012, The Portable Expert Canada UK
Whisky Magazine (France et United Kingdom) Paragraph Publishing
Culture Whisky, Patrick MAHE 2013 Les Editions du Chêne
Le Whisky pour les nuls, Philippe JUGE, 2014, Editions First
The Legend of Laphroaig, Marcel Van GILS & Hans OFFRINGA, 2007, Still Publishing
Drinking Japan: A Guide to Japan's Best Drinks & Drinking Establishments, Chris BUNTING, 2011, Tuttle Publishing UK
Le Japon vu des bars, Chris BUNTING, 2014, Editions Ilyfunet (traduction)
Les Routes du malt, Martine NOUET, 1999, Editions Hermé
Whisky Galore, Sir Compton MACKENZIE (1rst edition 1947), 1999, Canongate Books Limited UK
The Whisky Muse, Scotch Whisky in Poem and Song, Robin LAING, 2002, Luath Press Limited UK
The Whisky River, Robin LAING, 2007, Luath Press Limited UK
Whisky Legend of Islay, Robin LAING, 2009, Luath Press Limited UK
Edradour, The Myth, The Mafia and The Magic, Andrew CAMERON, 2006, UK
The Best Collection of Malt Scotch Whisky, Valentino ZAGATTI, 1999, Fermagrafica UK
The Best Collection of Malt Scotch Whisky VOL. 2, Valentino ZAGATTI, 2004, Fermagrafica UK

SUR LE WEB

www.scotch-whisky.org.uk
www.abfi.ie
www.canadianwhisky.org
www.distilling.com
www.scottisharchitects.org.uk
www.whiskyfun.com
www.maltmadness.com
www.nonjatta.com
www.angelshare.it
www.smws.co.uk
www.whisky.fr
www.irelandwhiskeytrail.com

REMERCIEMENTS

Avant tout aux trois amis et professeurs qui m'ont ouvert les portes de leur savoir et du monde du whisky :
Jean-Marc Bellier, collègue et ami, aux côtés de qui j'apprends tous les jours ;
Martine Nouet, qui m'a fait découvrir le whisky côté cuisine et mon précieux guide sur Islay ;
Jim Mc Ewan, qui m'a appris comment écouter battre le cœur d'une distillerie et la richesse des gens qui l'entoure, de belles leçons d'humilité et pour toutes ses histoires et anecdotes autour de notre boisson préférée ;
Thierry Bénitah, qui m'a donné l'occasion et la chance de faire de ma passion mon travail, et monsieur Georges Bénitah ;
Marlène Léon, qui me permet de côtoyer l'Histoire du whisky avec ses vénérables flacons ;
Nicholas Sikorski (« stand fast ») ;
Michael Jackson, que j'ai eu la chance de côtoyer et dont j'ai pu mesurer ainsi sa générosité et sa gentillesse, Iain Henderson, John Mac Lellan (Kilchoman), Richard Paterson (Dalmore), Willie Cochrane (Jura), Michael Urquhart et Juliette Buchan (Gordon & MacPhail), Andrew Symington et Des McCagherty (Signatory Vintage), Tadashi Sakuma, Emiko Kaji (Nikka), Ichiro Akuto (Chichibu), Keita Minari (Beam Suntory), Mikio Hiraishi (White Oak), Ian Chang, John Glaser & sa sympathique équipe (Compass Box), Angela d'Orazio & Lisa Collins (Mackmyra) ;
Dave Broom, Charles MacLean, Serge Valentin, Ian Buxton, Gavin D. Smith, Ian Wisniewski, Stefan Van Eycken & Chris Bunting (Nonjatta), Ingvar Ronde, Davin de Kergommeaux, Martin Betts, The Scotch Whisky Association, The Irish Whiskey Association, Heidi Doneldon, Andrew Faulkner & American Distilling Institute, Mario Groteklaes, Carsten Ehrlich, Massimo Righi, Nadi Fiori, Giuseppe Begnoni...
Bref tous ceux qui m'ont fait bénéficier de leur savoir (et amitié) et sans qui je n'aurai pu trouver matière pour cet ouvrage ;
Antoine Deshusses, le « prolongement de mon cerveau », sans qui ce guide n'aurait pu aboutir et qui a tout fait pour me montrer que l'écriture, ça avait du bon, finalement ;
Jean-Mickaël et mes autres collègues de La Maison du Whisky qui me supportent (dans tous les sens du terme) ;
Didier Ghorbanzadeh et Sayumi Oyama, Ayako Shirahama pour ses traductions précieuses au pays du Soleil Levant, Claudio Riva, Davide Terziotti, Betty, la squadra di « Spirit of Scotland » ;
Jacques Génin (pour tous nos ateliers très gourmands, sa disponibilité et ses sacrées histoires), Xavier Thuret (ah ces alliances whisky et fromages !) ;
L'équipe de *Whisky Magazine* France (Itzel, Nicolas et François) qui m'a supporté dans ses bureaux pendant la réalisation de ce guide ; Mes compagnons de dégustation, dont les échanges m'enrichissent chaque jour toujours plus.
Et tous ceux que j'oublie…

Ce modeste ouvrage est dédié à Giorgio D'Ambrosio et le bar Metro.

Autres rédacteurs : Jean-Marc Bellier, Thierry Benitah
Marlène Léon, Nicholas Sikorski, Alexandre Vingtier

Crédits photographiques

DR LMDW : pp. 8, 10, 11, 13, 16, 17, 19, 22, 23, 25, 30, 33, 37, 39, 42, 43, 44, 49, 51, 53, 54, 55, 56, 57, 62, 64, 65, 66, 69, 79, 80, 83, 87, 93, 95, 101, 107, 109, 112, 120 gauche, 121
Salvatore Mannino : pp. 26, 40, 79, 90, 123
Nicholas Sikorski : pp 28, 29, 40, 41, 75, 90, 120 droite
Studio Nicholls : p 114
Ariane Valetin : p.14

Achevé d'imprimer en août 2015 par Grafos